Dietrich Janßen

Um fünf bei Tchibo!

Geschichten und Anekdoten
aus Emden

Wartberg Verlag

Impressum

Bedanken möchte ich mich beim Stadtarchiv Emden, bei Frau Klärc Edens, Frau Grete Müller und Frau Gertrud Cramer, den Herren Chris. G. Dallinga, Georg Fokuhl†, Hermann Gerhardt, Marten Klose, Carlhans Visser und Johann Müller, der mir sein umfangreiches Bildarchiv zur Verfügung stellte.

Bildnachweis

Ruth Besseler: S. 77; Foto Fokuhl: S. 1, 7, 29, 33 und 35; Hermann Gerhardt: S. 17, 18, 19, 20, 38, 50, 59, 66 und 67; Dietrich Janßen: S. 4, 8, 11, 15, 31, 37, 39, 44, 61, 71 und 74; Marten Klose: S. 21 und 42; Maike Saathoff: S. 14; Jann Meyer: S. 56; Johann Müller: S. 53 und 54; Ernst-August Rehbock: S. 69; Werner Stock, Verlag Ludger Kenning: S. 64; Ullstein-klar: S. 46; Ullstein: S. 48; Carlhans Visser: S. 23, 24 und 25; Adolf Wrede: S. 75; Eleonore Wolz: Titelbild und S. 16

Quellen

Adressbücher der Stadt Emden, 1937, 1956, 1959, 1969. Gunther Hummerich / Wolfgang Lüdde: Der Wiederaufbau. Die 50er Jahre in Emden, Verlag Soltau-Kurier, 1995. Dietrich Janßen / Marten Klose: Emder Straßenbahn und Trümmerbahnen im Stadtgebiet, Selbstverlag, 2008. Ernst Siebern / Walter Deeters / Bernhard Schröer: Geschichte der Stadt Emden 1750 bis zur Gegenwart, Verlag Gerhard Rautenberg, 1980. Verschiedene Jahrgänge der Rheins-Ems-Zeitung und der Ostfriesen-Zeitung 1954 –1968.

1. Auflage 2011
Alle Rechte vorbehalten, auch die des auszugsweisen Nachdrucks und der fotomechanischen Wiedergabe.
Layout: Attila Jo Ebersbach, Kassel
Satz: Jochen Ebert, Kassel
Druck: Hoehl-Druck Medien + Service GmbH, Bad Hersfeld
Buchbinderische Verarbeitung: Buchbinderei Büge, Celle
© Wartberg Verlag GmbH & Co. KG
34281 Gudensberg-Gleichen, Im Wiesental 1
Telefon (0 56 03) 9 30 50
www.wartberg-verlag.de
ISBN: 978-3-8313-2151-3

Inhalt

Vorwort

Außergewöhnliche Menschen prägten Emden in den 50er- und 60er-Jahren, eine Zeit, in der der Wiederaufbau der zerstörten Stadt noch längst nicht abgeschlossen war. Frauen und Männer der ersten Stunde legten selbst Hand an, so wie der Bauunternehmer „Rammpahl" Bakker oder der Geschäftsmann Georg Fokuhl. Originale wie die Drehorgelspielerin „Aapke" Meyer sorgten mit ihrer Musik für Stimmung auf den Straßen und Festen. Erinnern Sie sich noch an den „billigen" Jupp, einen legendären Marktbeschicker, den jeder Marktbesucher kannte und schätzte? Oder an Wurst Visser, wo Jugendliche und Erwachsene den kleinen Hunger nach dem Kinobesuch stillten, die zahlreichen Schlickerbuden, an denen wir Kinder unsere heißgeliebten Comics kauften?

In den 50er- und 60er-Jahren trafen sich die „Halbstarken" unter den Arkaden, bei der „Persiluhr" gegenüber dem Rathaus. Und ab 1960 begegneten sich Jung und Alt tagsüber bei Tchibo, Zwischen beiden Sielen, bei einer Tasse Kaffee.

Kommen Sie mit auf eine Reise durch Emden in die 50er- und 60er-Jahren!

Dietrich Janßen

… und Neues entsteht aus den Ruinen

Eine graue Trümmerlandschaft und Ruinen prägten das Stadtgebiet Emdens. In der Luft lag schon bei leichtem Wind grauer Staub, der durch alle Ritzen in die Wohnungen drang. Regnete es, war der Boden schmierig. Unvorstellbare Berge von Schutt lagen entlang der Straßen, obwohl bereits unmittelbar nach dem schweren Angriff auf Emden am 6. September 1944 Kriegsgefangene und Zwangsarbeiter die Trümmerberge teilweise geräumt hatten. Die Kriegszerstörungen waren einfach zu groß, sie umfassten 78 % Emdens. 1945 gab es nur noch 2 200 Wohnungen, etwa 8 000 waren zerstört worden. Von den öffentlichen Gebäuden und den Geschäften waren 84 % zerstört.

Nach Kriegsende lagen in der Innenstadt noch etwa 500 000 m³ Trümmerschutt, die beseitigt werden mussten, bevor überhaupt an einen Wiederaufbau zu denken war. Eine schwierige Aufgabe, die von der neuen Stadtverwaltung kaum zu bewältigen war. Für die Aufräumarbeiten wurden viele 100 Meter Gleise für die Lorenbahnen verlegt, die die Stadtteile durchzogen.

Ruinen wurden eingerissen, deren herabstürzende Trümmerteile Menschen, insbesondere Kinder, die dort spielten, akut gefährdeten. Für die Kinder waren die vielen Luftschutzbunker und zugeschüttete Keller, die manche Überraschung bargen, nicht nur Lieblingsspielpätze. Die Kinder und Jugendliche bargen wahre Schätze vom Bleirohr über Kupferleitungen bis hin zum Maueranker und Eisenträgern. Es wurde im Wesentlichen Buntmetall gesammelt und bei Schrott Franz Kröher, Am Bahnhof Emden-West, oder bei Martin Peters in der Hansastraße zu klingender Münze gemacht. Die Altstadt mit ihren vielen kleinen Grundstücken war das bevorzugte Betätigungsfeld. Selbst die ehemaligen Luftschutzbunker, die bereits zum größten Teil ausgeschlachtet waren, wurden systematisch durchsucht. Zwar wurden die Eltern durch eine Bekanntmachung der Stadt Emden angewiesen, dafür zu sorgen, dass die Kinder und Jugendlichen Ruinen nicht betreten, aber das ließ sich einfach nicht verhindern.

Die alten Kanäle wurden mit Trümmern verfüllt, wie das Judentief, vom Eilandstief bis zur Doelepiepe und der Torfmarkt einschließlich dem Brauersgraben. Teilweise wurde der Trümmerschutt als Straßenpacklage nach Holland verkauft. Über ein Schüttgerüst, welches Am Delft aufgestellt war, belud die Lorenbahn die Binnenschiffe. Grundstückseigentümer begannen ihre Steine zu säubern und zu stapeln, um gewappnet zu sein, denn sobald die Trümmer geräumt waren, würde die Bausperre für das Innenstadtgebiet aufgehoben werden, was 1948 geschah.

Wie in anderen Städten auch war der Wohnungsmangel in den Nachkriegsjahren ein großes Problem. Die Behausungen der Menschen waren häufig Nissenhütten, Baracken, Behelfsheime aus alten Steinen oder Teilen ehemaliger Wehrmachtsbaracken. Viele ausgebombte Emder wollten zurück in ihre Heimatstadt, Flüchtlinge aus anderen Landesteilen mussten untergebracht werden. So kamen auch wir im Mai 1946 aus Husum, wohin die Familie evakuiert worden war, zurück nach Emden.

Unsere Gaststätte am Neuen Markt, „Dat smale Handdook", war zerstört und das Grundstück geräumt worden. Wir wurden in eine Baracke beim Ledigenheim, das den Emder Nordseewerken gehörte, eingewiesen. Die Baracke war zugig und wir Kinder durften nicht auf dem Fußboden spielen, weil es dort zu kalt war. Sanitäre Einrichtungen gab es nicht, auf dem Hof stand ein kleines Häuschen mit Herz.

*Neugierige Passanten schauen zu, wie das Rieke-Haus gegründet wird. Im Hintergrund das Café „Funke",
daneben eine Verkaufsbaracke auf dem Stadtgarten und der Neubau der Stadtsparkasse Am Delft, 1954.*

Es gab zu wenig Brennmaterial, Kohlen waren rar. Die Brennstoffe wurden zugeteilt und es war immer zu wenig. Hinter der Baracke verlief die Bahnlinie vom Bahnhof Emden-Süd in den Neuen Binnenhafen und auf der Strecke verkehrten Kohlenzüge, von denen Leute große Kohlenbrocken herunterwarfen. Das „Fringsen", der Diebstahl von Kohle aus Kähnen oder Waggons, gehörte

Im Vordergrund der Sockel des Denkmals des „Alten Fritz", der heruntergenommen wurde. Am Delft nur Ruinen und fast drei Meter hoher Trümmerschutt. Die Aufnahme entstand Ende 1946.

zu den täglichen Delikten. Uns Kindern war zwar verboten, unmittelbar an der Bahnlinie zu spielen, wir taten es trotzdem und öfter fanden wir dort Kohlenstücke, die wir nach Hause brachten.

Wie wohl Kinder zu allen Zeiten, so zündelten auch wir gern. Streichhölzer konnten wir uns kaufen. Gut war es, wenn einer ein altes Sturmfeuerzeug fand, wobei es Probleme gab, wenn der Feuerstein aufgebraucht war, denn der war sehr schwer zu organisieren. Für ein Feuerchen sammelten wir Äste, Holzreste, Papier und Pappe. Dann wurden ein paar Steine zusammengelegt und schon brannte es. Jemand brachte einige Kartoffeln mit, die in der Glut an einem Stock gebacken wurden. Die Kartoffeln aßen wir vom Stock, auch wenn noch etwas Ruß dran war. Eine echte Delikatesse!

Wir Kinder waren bei der Trümmerräumung tätig. Irgendwie mussten wir ja an Geld kommen. Wir suchten uns Stellen aus, an denen viele Steine zu finden waren, die nicht gebrochen waren. Wir säuberten die Steine und luden sie in den kleinen Bollerwagen, den damals fast jede Familie besaß. Bei der Firma Johann Oltmanns Söhne, Große Straße, erhielten wir einen Pfennig pro gesäuberten und abgelieferten Stein. Hinten auf dem Hof von Johann Oltmanns, Am Burggraben, neben dem Transformatorenbunker wurden die Steine sauber gestapelt, um vermauert zu werden. Mit einer großen Horde Jungen, die die Steine säuberten, kam schnell einiges an Geld zusammen und der Bedarf an Steinen war riesig. Manchmal zogen wir abends mit einem leeren Wagen los, „organisierten" bei Oltmanns Steine, die wir ihm am selben Tag verkauft hatten, um diese am nächsten Tag ein zweites Mal an den Ofensetzermeister August Marahrens in der Großen Straße 50 zu verkaufen. Ruckzuck hatten wir zwei Mark verdient, was für uns viel Geld war.

Bei der Wiederherstellung der Wohnungen wurden nach einer Schätzung des Emder Stadtbauamtes 160 Millionen Ziegelsteine benötigt. Die ostfriesischen Ziegeleien stellten jährlich etwa 16 Millionen Steine her. Zement und Kies sowie Bauholz waren 1946 schwer aufzutreiben. Trotzdem entstanden auf den teilweise geräumten Grundstücken kleine Behelfsläden, notdürftig hergerichtet, um dort Waren anzubieten. Wem, wie dem Schlachter Alfred Lehmann, ein Ladenlokal in der Ladenzeile auf dem Neuen Markt zugewiesen wurde, konnte sich glücklich schätzen.

Nachdem der Neugestaltungsplan der Innenstadt im Jahre 1947 vom Rat beschlossen worden war, ging die Verwaltung dazu über, für Teilbereiche Bebauungspläne

Blick in die Altstadt mit den neu errichteten Wohnhäusern. Die Aufnahme zeigt die Masten der Emder Straßenbahn, die am 30. April 1953 das letzte Mal fuhr. Am Delft befanden sich eingeschossige Behelfsbauten u. a. das der Stadtsparkasse Emden. Rechts das Tabakwarengeschäft von Krüger & Oberbeck.

auszuarbeiten, die u. a. auch verkehrliche Belange berücksichtigen mussten. Typisch für die Nachkriegszeit war, nicht nur in Emden, dass mit dem Wiederaufbau die Verbreiterung der Straßen verbunden war, so dass viele Grundstückseigentümer nicht mehr auf ihren alten Grundstücken bauen durften. An bestimmten Stellen, wie zum Beispiel unmittelbar am Wasser des Ratsdelftes, durften gar keine Häuser mehr errichtet werden. Im Jahre 1949 setzte ein Bauboom ein, wie ihn die Emder noch nie gesehen hatten. Zwar blieben noch Baulücken, die sich aber im Laufe der Zeit nach und nach füllten. In Baugebieten wie der Altstadt oder dem Rathausviertel, zwischen dem Apfelmarkt und dem Brauersgraben, wurden innenstadtnah Wohnungen errichtet, die sehr gefragt waren.

Allein in der Großen Straße entstanden z. B. innerhalb von nicht ganz zehn Jahren viele Geschäftshäuser wie Peter Eilts, Gerhard Duin, Tengelmann, Seifenhaus Puls, Otto Schmidt (Tee), Peter Dirksen, Ludwig Hummerich, Helene Creutzenberg, Fisch Krüger, Georg Heyl, Fisch Klaassen, Johann Poppinga Wwe., M. Steinhauer, E. J. Kielmann, Mode Hagen, Schuhhaus Oltmanns, Krimping & Meyer, Einhorn-Apotheke, Georg Molthagen, Oltmanns Söhne, August Schemme, Franz Thaeter, Gaststätte „Krummhörn" von Katharina Janßen und Fahrrad Gewecke.

Durch die Neuordnung der Innenstadt verloren wir Kinder unsere Spielplätze auf den Trümmergrundstücken. Es war vorbei mit Feuer machen, Schrott sammeln und herumstreunen. Das Osterfeuer, das jahrelang in der Altstadt hinter dem Flachbau der Stadtsparkasse Emden brannte, wurde abgeräumt. Was hatten wir uns immer für eine Mühe gegeben, viele Tannenbäume gesammelt und von Reifen Gohle ein paar alte Reifen organisiert, die beim Abbrennen so prächtig schwarz qualmten! Oben auf das Osterfeuer kam ein altes Sofa – das war unser besonderer Stolz. Wir spielten nun in den Neubauten, was uns bei Androhung von Hausarrest verboten war. Dass wir dort immer wieder herumstrichen, sahen die Maurer gar nicht gerne. Es gab Fußwege, die unmittelbar über noch nicht bebaute Grundstücke verliefen und Baugruben, die wir umgehen mussten. Die wilden Zeiten waren vorbei.

Um fünf bei Tchibo!

Die Ruine des Rathauses ragte an der Neutorstraße als Orientierungspunkt neben den vielen Luftschutzbunkern aus einer grauen Ebene heraus. Kurz nach Kriegsende, am 10. Juni 1945, hielt Oberbürgermeister Georg Frickenstein auf den Trümmern des Rathauses eine Rede an die Emder Bevölkerung, in der er den Willen zum Wiederaufbau kundtat: „Unsere Gedanken kehren zurück zu dem Trümmerfeld, das vor uns liegt. Eine Arbeit wartet auf uns."

Mit dem Wiederaufbau der Innenstadt ging einher, dass für die Emder wieder soziale Treffpunkte entstanden, ähnlich dem früheren „Bummel". Es sollte allerdings noch etwa vier Jahre dauern, bis die ersten Geschäftshäuser, wie das Modehaus Gebr. Hinrichs, in der Neutorstraße hochgezogen werden konnten. „Wohnlicher" wurde die Innenstadt, als im Juli 1956 in der Neutorstraße Wohn- und Geschäftshäuser mit den Arkaden errichtet wurden, ein Bau, der mit dem Cafe „Brouwer" seinen Abschluss fand. Dann dauerte es noch fast zwei Jahre, bis es in der Straße jeweils Endpunkte gab, an denen sich die Menschen gerne trafen. Die „Persiluhr" beim Zeitungskiosk Gaertner gehörte dazu, hatte als Treffpunkt aber seine Tücken. Es kam zu Verwechslungen, weil es noch eine zweite „Persiluhr" in der Neutorstraße gab und zwar auf dem „Roxyplatz", beim gleichnamigen Kino. So konnte es geschehen, dass er beim Rathaus und sie beim „Roxy" wartete.

Das neuerrichtete Kaufhaus „Hertie", das am 29. April 1958 seine Pforten öffnete, war besonders im Winter ein beliebter Treffpunkt für Jung und Alt. Wenn es draußen kalt war, fuhren wir Kinder oder die Jugendlichen gerne auf der ersten Emder Rolltreppe nach oben und dann wieder nach unten.

Der früher in der Neutorstraße gelegene „Bummel" zwischen dem Rathaus und der Bollwerkstraße verlagerte sich auf die Westseite unter den Arkaden. Dort trafen sich die „Halbstarken", die an ihrer Bekleidung gleich erkannt werden konnten – Texashose mit Nieten. Meistens waren es so an die 15 Jugendliche, die sich dort aufhielten und den freien Durchgang der Passanten begrenzten. Wir waren jung, kess und schlagfertig und ganz und gar nicht schüchtern. Mit unseren lauten Mopeds drehten wir demonstrativ unsere Runden. Traum aller war eine Kreidler Florett in der Farbe rot. Das Rot wirkte so wahnsinnig schnell. Aber wer konnte sich damals schon einen „Feuerstuhl" leisten? Die Erwachsenen sahen sich von diesem „Rowdytum", wie sie es nannten, bedroht und die Ordnungshüter beobachteten die Szenerie überaus argwöhnisch.

Wir hörten „Rock Around The Clock" von Bill Haley oder „Jailhouse Rock" von Elvis Presley, Musik von Chuck Berry, Jerry Lee Lewis oder Little Richard. Nachmittags trafen wir uns in den Schallplattenläden bei Hertie, Radio-Stoll oder dem Musikhaus Rehbock.

Nach der Zerstörung stand nur noch der Rathausbogen. Im Hintergrund der Neubau der Stadtsparkasse und ein Luftschutzbunker in der Altstadt, 1954.

Dort hörten wir uns die neuesten Singles an, und wer es sich leisten konnte, kaufte ein. Bei Rehbock gab es eine sehr große Plattenbar und oft waren dort alle Hörplätze belegt, so dass wir länger warten mussten.

Ein Treffpunkt für alle Altersstufen entstand 1960. Am 21. Juni eröffnete Tchibo eine Filiale in Emden, nachdem das Kaffeegeschäft Thams & Garfs seine Niederlassung im gleichen Gebäude aufgegeben hatte. Der kleine Laden in der Straße Zwischen beiden Sielen 9 – damals noch eine Einbahnstraße – zog die Menschen magisch an. Den ganzen Tag über herrschte ein ständiges Kommen und Gehen. Im Mittelpunkt sollte der Verkauf von Kaffee ste-

Das Radiogeschäft Stoll in der Großen Straße mit der Schallplattenbar.

hen und der Kaffeeausschank eher nebenbei laufen, aber wie wir alle wissen, entwickelten sich die Dinge anders. Morgens trafen sich die Soldaten der Bundeswehr bei Tchibo, danach kamen die Busfahrer von der Firma Westermann und schließlich die Schüler der Berufsschule, die nie Zeit hatten, weil die Pause nur 15 Minuten dauerte. Das Personal war vorbereitet: Die leeren Tassen standen auf dem Tresen bereit, der Ausschank ging flott vonstatten. Waren die Schüler weg, kamen die

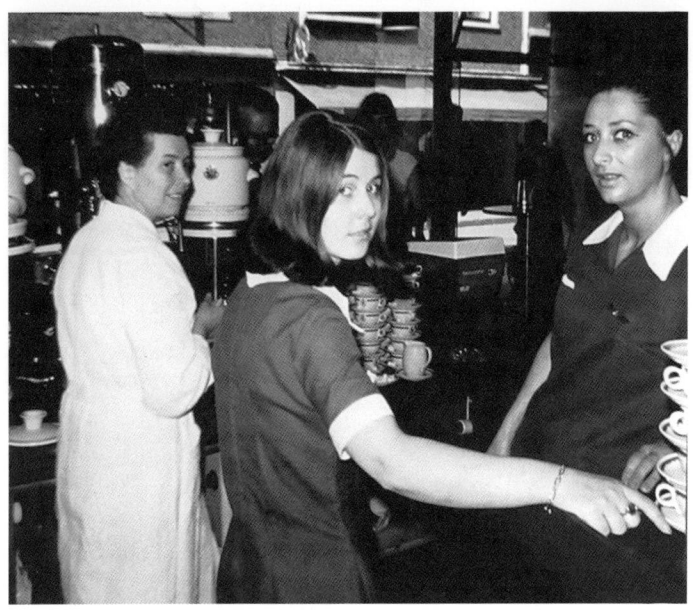

Kaffeeausschank bei Tchibo von links nach rechts: Hanne Horing, Ursula Lukas und Eleonore Wolz.

Paketwagenfahrer von der Bundespost, die gerne mal eine Runde Kaffee ausgaben: Fünf Kaffee für eine Mark, das war der Preis. Zwischendurch schauten Verkäuferinnen der benachbarten Geschäfte und Anwälte auf einen Kaffee vorbei. Um fünf kamen die Jugendlichen, die tagsüber in die Lehre gingen oder bereits als Gesellen arbeiteten.

Tchibo als Treffpunkt war eine echte Informations- und Kontaktbörse. Hier erfuhr man bei einer Tasse Kaffee (fast) alles über jeden. Manch einer traf dort den späteren Ehepartner. Junge Männer und Frauen verabredeten sich bei Tchibo zum Kino oder Tanzen in den Reichshof, das „Moulin Rouge". Unzählige Tassen Kaffee gingen Tag für Tag über den Tresen. Ausgeschenkt wurde „Beste Bohne" oder „Gold-Mokka", das Pfund für 7,95 D-Mark. Um 18:30 Uhr schloss das Geschäft seine Ladentür.

Kino, Kino, Kino

Kino! Ein ganz besonderes Vergnügen! Die Kinobegeis-
terung der Nachkriegszeit ist heute kaum vorstellbar. In
unserem Keller entstand sogar das erste „Heimkino". In
den frühen 50er-Jahren gab es bei Foto Fokuhl 16 mm
Ozaphan-Filme der Firma Kalle zu kaufen, von denen
wir einige zu Weihnachten geschenkt bekamen. Es wurde ein Handkurbelprojektor angeschafft, um die Filme
vorführen zu können. Das Heimkino im Keller konnte
starten. Es wurden Zeichentrickfilme mit teilweise deutschen Untertitel gezeigt: „Hein Priembacke in Afrika",
„Das angelnde Nilpferd", „Sturmangriff der Urwaldtie-
re", „Limburger Käse", „Hein Priembacke und der Kla-
bautermann" sowie „Jimmy hat eine Erfindung gemacht"
– das sind Titel, an die ich mich erinnere. Nachbarskin-
der durften zunächst kostenfrei teilnehmen, später – die
Beliebtheit nahm zu und unsere Geschäftstüchtigkeit
auch – gegen die Zahlung von fünf Pfennig. Sollten Filme rückwärts gezeigt werden, was immer eine besondere
Gaudi für die vielen Kinder war, wurde nochmals ab-
kassiert. So kamen schnell zwei D-Mark zusammen, die
später in Schlickersachen bei Aaltje Staubs Bude in der
Großen Straße umgesetzt oder für den nächsten Gang
ins „richtige" Kino zurückgelegt wurde.

Vor und im Zweiten Weltkrieg betrieben die beiden
Brüder Eber- hard und Ernst
Mennenga das
Lichtspiel-Theater
„Capitol", das am
7. Juni 1942 zer-
stört wurde. Au-
ßerdem zeigten
die Brüder Mennenga
mit ihrem Wanderlichtspiel
in den umliegenden Dörfern

Filme – was heute nur noch wenige wissen werden. In den ersten Jahren nach Kriegsende, es standen ja

kaum unzerstörte Gebäude in der Innenstadt zur Verfügung, fanden die Vorstellungen in drei Ausweichkinos statt: Herrentorschule („Apollo"), Gaststätte „Sterrenburg" („Lichtspiele") und die „Kurbel" in Mundts Gaststätte an der Wolthuser Straße. Die „Kurbel", betrieben von Otto Neubauer, lief nicht sehr gut und wurde bereits kurz nach der Eröffnung 1946 wieder geschlossen.

Die Namen der Emder Kinobesitzer wie Jentsch und Neubauer, die ihre Lichtspiele in der Nachkriegszeit betrieben, sind bis heute bekannt. Das älteste Kino mit nun 610 Sitzplätzen waren die „Lichtspiele", die bereits 1913 in der Bollwerkstraße ihren Betrieb aufgenommen hatten. Am 6. September 1944 zerstört, wurde das Kino am 2. März 1951 mit dem Film „Die Dritte von rechts" wieder eröffnet. Das Kino bekam 1957 eine Cinema-Scope-Leinwand (anamorphotische Bilder), das neueste vom neuesten.

Zu den alten Kinos zählte auch das „Apollo-Theater", Zwischen beiden Bleichen, das am 21. Oktober 1931 mit dem Tonfilm „Ihre Majestät die Liebe" in den Hauptrollen mit Käthe von Nagy und Franz Lederer die Tore öffnete. Dieses moderne Kino wurde ebenfalls am 6. September 1944 schwer beschädigt. Am 17. Februar 1950 begann die neue Kinospielzeit im „Apollo" auf einer Breitleinwand mit dem Film „Der Bagnosträfling" und die Wochenschau „Welt im Film Nr. 246".

Mit dabei war die Kartenabreißerin und Platzanweiserin Grete Müller, die bereits im Vorkriegs-Apollo tätig war und seit 1932 in diesem Kino arbeitete. Sie ist bis heute stolz auf den Spitznamen „Frau Apollo", hat doch dieses Kino ihr gesamtes Leben geprägt. Sie schwärmte von dem Film „Vom Winde verweht", der 1939 mit den Schauspielern Vivien Leigh, Clark Gable, Leslie Howard und Olivia de Havilland gedreht wurde und in Emden zu den großen Kassenschlagern seiner Zeit gehörte. Das Haus mit seinen 650 Sitzplätzen war über Wochen hinweg voll besetzt.

Wenn junge Paare sich Karten an der Abendkasse kauften, dann fragte die humorvolle Grete Müller mit einem Schmunzeln: „Wollen Sie auf Loge oder wollen Sie Kino sehen?" Oft standen Kinder, die die Jugendvorstellung um 15:00 Uhr besuchen wollten, vor der Tür, ohne 50 Pfennig für eine Karte zu haben. Eine Familie mit drei oder vier Kindern konnte sich die Vorstellungen einfach nicht leisten, denn 1,50 oder 2,00 D-Mark waren zur damaligen Zeit viel Geld. Sie verdankten es Grete Müllers großzügigem Wesen, dass das ein oder andere Kind trotzdem ins Kino durfte. Aus dieser Kinderkinozeit stammen die Filme „Western von gestern" mit dem Revolverhelden John Carroll, „Zorro reitet wieder" oder „Fuzzy der Revolverheld" (1955). Stan Laurel und Oliver Hardy als Dick und Doof in „Lachen ist gesund" bleiben unvergessen.

Als skandalös und deshalb für Jugendliche besonders interessant, galten „Das Schweigen" von Ingmar Bergmann aus dem Jahre 1963 und 1967 der Aufklärungsfilm „Helga" mit den Hauptdarstellern Ruth Gassmann und Eberhard Mondry. Der letztgenannte Film war in Emden ein voller Erfolg und die Menschen standen in einer Schlange, die bis auf die Neutorbrücke reichte, vor der Kinokasse. Es wurde sogar die Polizei aufgeboten, um für Ruhe und Ordnung zu sorgen.

Anfang der 50er-Jahre wurde für das Kino „Schauburg" von Kurt Hartung aus Hamburg ein Neubau am Neuen Markt 27 errichtet und 1954 eröffnet. Praktisch für Grete Müller, denn sie wohnte am Neuen Markt 25. Kurt Hartung verließ sich voll und ganz auf seine Angestellte: „Müllerin, Sie machen das schon!" Zur Eröffnung am Freitag, den 23. Juli 1954 lief der Klassikerstreifen „Verdammt in alle Ewigkeit" mit Montgomery Clift, Mickey Shaughnessy, Philip Ober, Ernest Borgnine, Jack Warden, Deborah Kerr, Burt Lancaster, Frank Sinatra und Donna Reed. In der Spätvorstellung am nächsten Tag und am Sonntag wurde der Film „Endstation Sehnsucht" mit Vivien Leigh gezeigt – für Jugendliche verboten. Die Kinder konnten sich in der Jugendvorstellung den farbenprächtigen Disney-Märchenfilm „Cinderella" ansehen. Die Eintrittskarte für Kinder bis 14 Jahre kostete im Parkett 0,65 und im Rang 1,00 D-Mark. Der Betreiber Kurt Hartung ging einige Jahre später nach Hamburg zurück und Grete Müller hatte unter den neuen Geschäftsführern

Jentsch und Neubauer zwei tolle Chefs, die ihr freie Hand ließen.

Kurz darauf entstand in der Neutorstraße 73 das „Roxy-Filmtheater", das am 7. Oktober 1956 von Luise Jentsch und Otto Neubauer eröffnet wurde – ein moderner Bau mit 510 Sitzplätzen. Im großen Eröffnungsprogramm waren zwei Filme zu sehen, zuerst „Ewiger Walzer" und in der Spätvorstellung die größte Indianerschlacht Amerikas „Am Marterpfahl der Sioux". Auch hier war Grete Müller, die sich aus familiären Gründen für eine kurze Zeit aus dem Filmgeschäft zurückgezogen hatte, aushilfsweise zu finden, da inzwischen alle Kinos in der Innenstadt von Jentsch und Neubauer betrieben wurden.

Das fünfte Emder Kino mit dem Namen „Filmbühne" entstand 1956 mit 550 Sitzplätzen in der Neuen Heimat in der Ludwig-Uhland-Straße 4a, Betreiber war Wilhelm Edens. Es wurde eine Cinema-Scope-Leinwand, die vier mal neun Meter groß war, eingebaut. Das besondere an diesem Kino war das Gestühl mit bequemen Sitzen, die fest auf einem Bein standen. Jedem Be-

Jugendbild von Grete Müller, die ihr Leben dem Kino verschrieben hatte. Geboren wurde sie am 25. Februar 1922 in Emden und lebt heute in einem Altenheim.

sucher boten sie zwei Armlehnen und die Stühle waren so aufgestellt, dass die Sicht auf die Leinwand von allen Seiten gut war. Zur Eröffnung am 31. August 1956 wurde der Film „Sissi", in den Hauptrollen mit Romy Schneider und Karlheinz Böhm, gezeigt. Filmvorstellungen fanden jeweils, wie auch in den anderen Kinos, um 17:30 und 20:00 Uhr statt. In der Nachtvorstellung um 22:30 Uhr lief „Hölle unter Null" mit Alan Ladd und Joan Tetzel. Über Wochen war in der „Filmbühne" „Die Brücke am Kwai", der Film, der 1957 entstand, im Programm. Im

Foyer wurde ein Modell der Brücke, Bilder und Filmplakate aufgehängt. In der Jugendvorstellung lief u. a. der Film „Die Schatzinsel", der 1950 gedreht wurde und bis heute zu den Filmklassikern gehört.

Mit Beginn der 60er-Jahre machte das Fernsehen dem Kino in Emden, wie in anderen Städten auch, Konkurrenz und allmählich begann das große Kinosterben. Als erstes schloss die Filmbühne, nachdem dort Ende Juli 1962 eine Woche lang „Eine Frau fürs ganze Leben" gezeigt worden war. Durch einen Umbau des Zuschauerraumes wurde aus dem Kino Kaisers Kaffeegeschäft. Es folgte die „Schauburg". Der letzte Film „Das Gold der Caesaren" wurde am 27. September 1964 gezeigt. In dem Kinosaal eröffnete das Discounthaus „Für Sie", ein Ladengeschäft. 1965 war es das „Roxy", das schloss, nachdem im November „Die Außenseiter Bande" als letzter Film gezeigt worden war. Zwei Tage vor Heiligabend eröffnete Anneus Ottersberg den modernen Roxy-Tanzpalast mit Tischtelefonen. Die Tanzgaststätte existierte jedoch nur für wenige Jahre, ein Lebensmittelmarkt übernahm die Räumlichkeiten. Die „Lichtspiele" schlossen ihre Tore im Dezember 1969, der letzte Film war „Deine Stunden sind gezählt", wie wahr, denn das Gebäude wurde 1970 abgebrochen und die Coop AG errichtete ein Geschäftshaus mit dem ersten Emder Parkdeck.

Das letzte der alten Kinos, das „Apollo-Theater", hielt noch lange durch. Im Juli 1980 wurde das „Apollo" zu einem Kino-Center mit drei Kinos unter einem Dach umgebaut, mit dem „Apollo", „Rex" und „Stern". Es schloss am 31. Juli 2009 mit dem Film „Harry Potter 6". Was aus unserem alten „Apollo" wird, steht in den Sternen.

Und Grete Müller? Nach der Schließung der schönen alten Kinos in Emden ging sie 1970 in das Neue Theater, in dem sie bis ins hohe Alter tätig war. Als Grete Müller endgültig in den Ruhestand ging, ging mit ihr ein Stück regionale Kinogeschichte zu Ende.

Nach dem Kino zu „Wurst Visser"

Die Anfänge waren bescheiden, als Wilhelm Visser sich nach dem Ende des Zweiten Weltkrieges wieder in Emden ansiedelte. 1946 zog die alte Emder Familie, deren Hausbesitz zerstört worden war, von Norden in eine Baracke „Zum wilden Lande" hinter der Kaserne und dann an den Schnedermannplatz in ein teilzerstörtes Haus. Um den Lebensunterhalt verdienen zu können, stellte Wilhelm Visser, dessen Brüder Metzger waren, 1949/1950 einen kleinen Behelfsstand auf dem Stadtgarten auf und richtete die „Wursthalle Stadtgarten" ein. Jeden Abend musste er den beweglichen Stand entfernen und über Nacht in der Osterstraße auf seinem von Trümmern geräumten Grundstück abstellen. Der erste Imbiss, den es

„Wursthalle Stadtgarten" von Wilhelm Visser mit ausfahrbarer Markise. Mit seinem mobilen Laden war Wilhelm Visser auf dem Schützenfest im Jahr 1950 präsent.

„Wurst Visser" mit der schlichten Nachtreklame, wie viele Emder sie kannten, 1954.

in Emden gab, lief zunächst nicht gut. Es war damals einfach nicht üblich, eine Bock- oder Bratwurst unter freiem Himmel an einem Stand zu essen. Wilhelm Visser reagierte und nachdem er vor dem Stand eine auskurbelbare Markise und eine teilweise seitlich geschlossene Abgrenzung angebracht hatte, kamen die Kunden gerne, um den kleinen Hunger zu stillen.

Nachdem es allmählich aufwärts ging, kam Wilhelm Visser auf die Idee, das Speiselokal „Wurst Visser" zu eröffnen. Er erwarb von H. Beeneken das Grundstück Bollwerkstraße 8, gegenüber dem Kino „Lichtspiele". Der Bau des neuen Hauses zog sich hin, durchaus üblich in jener Zeit, in der das Eigenkapitel knapp war. Viele neue Gebäude wurden in bis zu drei Bauabschnitten errichtet. Doch dann war es soweit. „Mein Lokal ist täglich ab 17 Uhr geöffnet", hieß es auf einem Schild. In der Woche hatte es bis 1:00 und am Sonnabend bis 3:00 Uhr geöffnet. Eine Besonderheit war der Eingang mit zwei Pendeltüren, der es den vielen Gästen erlaubte, die Speisegaststätte zu betreten bzw. verlassen, ohne sich gegenseitig zu behindern. Abends nach dem Kino oder nach einem Kneipenbesuch fanden sich viele Kunden ein, die Wilhelm Visser und seine Frau Helene vom Stadtgarten her kannten. Besonders großen Andrang von hungrigen Kinobesuchern gab es nach der Abendvorstellung in den „Lichtspielen" kurz nach 22:00 Uhr. Manche verließen bereits während des Nachspanns die Vorstellung, um bei den Ersten zu sein. Selbst nach der Spätvorstellung am Sonnabend war es im Imbiss rappelvoll.

Wilhelm Visser und Frau Helene beim Verkauf der von vielen geschätzten Bratwürstchen. Wilhelm Visser wurde am 5. August 1899 geboren und verstarb am 13. Juli 1976 in Emden.

Der Verkauf lief wie am Schnürchen. Wilhelm Visser war stets mit einer Mütze und Schürze, beides aus Wachstuch, bekleidet, die er über seiner Schlachterkleidung trug. Seine Frau hatte ebenfalls eine Wachstuchschürze um. Sie waren ein eingespieltes Team. Es gab Bockwurst, Bratwurst, Frikadellen zu je 50 Pfennig und Kotelett mit Kartoffelsalat für 1,50 D-Mark. Wenn jemand zur Bock- oder Bratwurst Kartoffelsalat bestellte, kostete das insgesamt 1,00 D-Mark. Den dazugehörenden Senf der Firma Lippert verteilte der Chef persönlich in kleinen Portionen auf die Teller. Sonderwünsche gab es nicht, denn das hätte den reibungslosen Ablauf behindert. Viele kamen wegen des hausgemachten Kartoffelsalates, der wie bei Muttern schmeckte. Frau Helene Visser hatte spezielle Rezepte, die das Essen besonders schmackhaft machten. Gegessen wurde im Stehen an einer die Wand umlaufenden, breiten Konsole, auf der die Teller abgestellt wurden. Beliefert wurde Wilhelm Visser von seinen beiden Brüdern Adolf und Jan, der Schlachterei Gebr. Visser, Zwischen beiden Sielen 30/32.

Zu trinken gab es bei Visser nur Alkoholfreies: eine Tasse Kaffee, Sinalco, Bluna in der grünen Flasche und Apfelsaft, dazu einen Strohhalm. Auf Wunsch schob Wilhelm Visser eine Flasche Milch oder Kakao über den breiten Tresen. Allgemein bekannt war er unter dem Spitznamen „Joke", wie er von Kindesbeinen an genannt wurde. Und das kam so: Lange Jahre vor dem Zweiten Weltkrieg fuhr Vater Johann Visser mit seinem Sohn Wilhelm über Land, um bei den Bauern schlachtreifes Vieh einzukaufen. Zu Johann wurde im plattdeutschen auch Joke gesagt. Wenn Wilhelm Visser allein kam, dann sagten die Leute: „Kiek, da kummt Joke sien Jung!" (Sieh, da kommt Johann sein Junge!). So blieb der Spitzname „Joke" an Wilhelm hängen.

Georg Fokuhl
Ein Stück Stadtgeschichte

Seit 130 Jahren war das Spezialgeschäft für Optik, Photo und Akustik, das sich vor dem Krieg in dem Gebäude Neutorstraße 11 an der Ecke der Kleinen Osterstraße befand, im Besitz der Familie Fokuhl. Es war eine schwere Zeit für die alteingesessene Emder Familie, so unmittelbar nach dem Zweiten Weltkrieg. Zunächst blieb das Geschäftshaus von den schweren Luftangriffen verschont, während auf der gegenüberliegenden Straßenseite die Geschäftshäuser A.G.Cramer, Modewaren, Feenders & Wolters, Eisenwaren, und Schaefer, Fachdrogerie 1942 in Schutt und Asche versanken. Das Lichtspieltheater „Capitol", Café Funke, Manufakturwaren Polak, Valk, Konfitüren Kugelmann, Thoben, Kaufmann Scheinert und das Fotogeschäft Brunke – sie alle wurden Opfer der Bomben. Am 6. September 1944 blieb auch von dem Geschäft Fokuhl nichts mehr übrig. Das Haus, ja die ganze Innenstadt war ein Trümmerhaufen.

Auf dem Grundstück fanden Familienmitglieder nur noch einen Panzerschrank, den sie öffneten. Der Inhalt? Verkohlte Papiere, eine verschmorte goldene Konfirmationstaschenuhr und der völlig verformte Fotoapparat, eine Leica II von 1936, die dem Chef des Optikergeschäfts, Georg Fokuhl (*19. Mai 1920, † 6. Januar 2011), gehörte – ein Geschenk seiner Eltern. Mehr war nicht übrig.

Georg Fokuhl war ein echter „Oogenkieker" und hatte eine große Leidenschaft. Seit den 30er-Jahren war die Kamera sein täglicher Begleiter. Zahlreiche Fotografien bezeugen sein Interesse an Menschen und Gebäuden in seiner Stadt Emden. Er dokumentierte den Wiederaufbau unserer Stadt, in dem er nicht nur die Baumaßnahmen am Emder Rathaus fotografierte, sondern auch Brücken, Schiffe oder einfache Steinbaracken, in denen gewohnt oder gearbeitet wurde. Dadurch entstanden

Zeitdokumente, die den Überlebenswillen einer ganzen Stadt widerspiegeln. Er spazierte durch seine Stadt, den Elbsegler auf den Kopf, immer freundlich lächelnd und grüßend, wenn Bekannte seinen Weg kreuzten. Er war ein Stück Emder Zeit- und Stadtgeschichte.

1947 war er Mitbegründer des „Tanz-Casino" im „Reichshof" von Willy Emmerich. Die eigentliche Leitung hatte Hans-Günther Schrock-Opitz, der bereits am 2. April 1948 das erste Tanzsport-Herausforderungs-Turnier in der britischen Zone im „Reichshof" ausrichtete. Er war Mitglied der Emder Freimaurer Loge. Privat liebte er es, sich mit seiner Familie am Wochenende am Kleinen Meer zu erholen und war gerne mit dem Boot auf dem Binnenmeer unterwegs.

1969 gründete Georg Fokuhl, den seine Freunde „Schorsch" nannten, die „Emder Shanty Gruppe", deren Ehrenvorsitzender er wurde. Es begann alles auf der Ems in 15 Butenseglern des Emder Segelvereins, die bei einer Flaute ihre Boote zusammenlegen mussten. Um sich die Zeit zu verkürzen, wollten die Segler maritime Lieder anstimmen, aber es kam keiner über die erste Strophe hinaus. Das sollte sich bald ändern! So fanden sich in den Wintermonaten kraftvolle Männerstimmen zusammen, um den Gesang der Seeleute einzustudieren, Arbeitslieder, in denen die Kräfte der See und des Windes zu spüren waren. Mit der Geige begleitete „Schorsch" seine Sangesbrüder und wurde zum Shantyman. Er hatte seine Männer im Griff; er war der Kapitän! Dass aus der lockeren Singgemeinschaft einer der bekanntesten Shanty-Gruppen Norddeutschlands werden würde, hätte damals keiner gedacht.

Georg Fokuhl wusste aus seiner Tätigkeit als Augenoptiker die eine oder andere Geschichte zu erzählen, schließlich schaute er den Menschen tief in die Augen. Früher, so erzählte Georg Fokuhl, gingen die Leute nicht gleich zu einem Arzt, sondern oft zu einer Art Heilpraktiker, der Krankheiten erkannte, indem er in die Augen der

Georg Fokuhl, wie ihn die Emder kannten.

Menschen sah, eben „De Oogenkieker". Ein „olle Buur",
der seit langer Zeit Beschwerden hatte, suchte den Volks-
heiler auf. „De Oogenkieker" sah dem Patienten in das
linke Auge und sagte ihm: „Mein Herr, das sieht nicht
gut aus, was ich dort sehe!" Da wurde es dem alten Bau-
er zu bunt und er meinte: „Wat se dor sehn, dat kann net
wesen, dat is min Glasoog!"

Ein Schiff wird kommen

1919 wurde die Bark „Seute Deern" gebaut und erlebte eine wechselvolle Geschichte, bis sie als Museumsschiff in Bremerhaven vor Anker ging und eines der Wahrzeichen der Stadt wurde. Die „Seute Deern" trägt den Namen „Süßes Mädchen" seit das Schiff 1938 mit einer überlebensgroßen Gallionsfigur verziert wurde. Die Bark gilt als größter, im Original erhaltener, hölzerner Frachtsegler der Welt. Und fast, aber eben nur fast, hätte dieses Schiff Mitte der 60er-Jahre seinen Liegeplatz in Emden gefunden. Und so begann die Geschichte:

Der Raddampfer „Grenzland" war ein Kneipenschiff, das seit der Währungsreform im Juni 1948 seinen Liegeplatz im Ratsdelft hatte. Im November 1963 erzählten sich die Emder hinter vorgehaltener Hand, „Grenzland" solle verschrottet werden und an dessen Stelle ein „neuer" Segler kommen, ein historisches oder modernes Schiff, da war man sich nicht sicher. Gut Informierte erzählten sich, dass die Wirtin der Gaststätte „Mariandl", Erna Hardisty, das neue Schiff kaufen und betreiben wolle. Diese Idee stieß nicht gerade auf Gegenliebe. Viele Bürger wollten kein Schiff in den Ratsdelft, andere meinten, dass ein schönes, großes, altes Segelschiff eine Attraktion wäre und ein Bild des historischen Ratsdelfts vermitteln könnte. Ein Segler mit hohen Masten, wenn es denn so einer sein würde, könnte nach Meinung der Befürworter sogar in das Zentrum vor die Stadtsparkasse gelegt werden. Rat und Verwaltung der Stadt Emden hatten Vorbehalte.

Als nächstes wurde bekannt, dass der Eigentümer der „Grenzland", Wilhelm Skorloff, sich aus Altersgründen von dem ehemaligen Raddampfer trennen und Frau Hardisty das Schiff kaufen wolle. Später, so hieß es, beabsichtige sie den Dampfer „Grenzland" durch ein geeigneteres Schiff zu ersetzen.

Für einige Wochen wurde es ruhig um den Liegeplatz der „Grenzland", bis Anfang Dezember 1964 in der Rhein-Ems-Zeitung berichtet wurde, dass die Bark „Seute Deern" als Gaststättenschiff von Frau Erna Hardisty gekauft worden war, um darin ein gutbürgerliches Restaurant zu führen. Es sollte eine Attraktion für unseren Ratsdelft werden. Das Schiff stammte aus der niederländischen Stadt Delfzijl, die die Bark seit 10 Jahren als Jugendherberge nutzte. Nun wollten die Niederländer das Schiff, dessen Restaurierung wohl so einige 100 000 Gulden kosten würde, los werden. Der Segler war schon sehr weit heruntergekommen. Erna Hardisty, die stolze Besitzerin des Seglers, blickte dennoch optimistisch in die Zukunft. Sie sah ein kräftiges Make-up und umfangreiche

Am Steuerrad der „Seute Deern" mit einer Zigarre im Mund die Wirtin Erna Hardisty (*23. Juli 1921, † 26. Februar 2010), der es fast gelungen wäre, die „Seute Deern" nach Emden zu holen. Sie war in vielerlei Hinsicht eine besondere Frau. Sie war viermal verheiratet und wurde durch ihre dritte Ehe mit Prinz Timo von Sachsen zur Prinzessin Erina von Sachsen, Herzogin zu Sachsen.

Umbauten an dem Schiff vor. Selbst in der Tageszeitung „Die Welt" vom 2. Dezember 1964 erschien ein Bericht über den Verkauf der „Seute Deern" nach Emden.

Der alte Dreimaster sollte den Emder Hafen am 3. Dezember 1964 gegen 10 Uhr erreichen. Dann sollten auf der Werft Schröder eine Schiffsbodenuntersuchung und eventuelle Reparaturen unter der Wasserlinie vorgenommen werden. Nun begannen jedoch die Probleme um den Liegeplatz. Wie Oberstadtdirektor Karl Neemann erklärte, wollte das Wasser- und Schifffahrtsamt dem Segler nur dann einen Liegeplatz zuweisen, wenn die Stadt dem ausdrücklich zustimme. Die wiederum wollte zunächst prüfen, ob die Bark mit ihren rund 40 m hohen Masten, fast so hoch wie der Turm des neuerbauten Rathauses (!), sich überhaupt in das Stadtbild einfügen würde. Die Gastwirtin Erna Hardisty kämpfte um ihre schwimmende Neuerwerbung. Sie bat Bernhard Wessels, den Architekten des Emder Rathauses um ein städtebauliches Gutachten, in dem er prüfen sollte, ob die Dreimastbark in den Ratsdelft passen würde. Der Architekt meinte, ein gepflegtes Segelschiff könnte eine Bereicherung des Ratsdelfts darstellen und empfahl, das Schiff probehalber zu verholen.

Nachdem Mitglieder des Verwaltungsausschusses den Segler besichtigt hatten, berichtete die Rhein-Ems-Zeitung am 30. Dezember 1964: „Segler-Schicksal noch immer ungewiß". Kurz darauf erging ein Mehrheitsbeschluss, gegen die „Seute Deern" und einen Liegeplatz

Die halb gesunkene „Seute Deern" im Hafeneinschnitt bei Gebr. Schröders Werft.

im Ratsdelft. Weitere Verhandlungen sollten folgen. Das endgültige „Nein" wurde von der Stadt Ende Januar 1964 ausgesprochen. Die Wellen schlugen immer höher. Die Gastwirtin versuchte eine Volksabstimmung zu initiieren, in der die Emder über den Verbleib der „Seute Deern" entscheiden sollten. In der Zeitungsrubrik „Hier spricht der Leser… und nicht die Redaktion" erschienen unzählige Leserbriefe, wobei die negativen überwogen. Ein besorgter Emder meldete sich zu Wort, der befürchtete, dass das Schiff ein Seemanns-Puff werden solle. Beispiele gebe es in der Stadt ja genug, wie das Amt leicht feststellen könne.

Der Kampf um den „Seute Deern"-Liegeplatz ging weiter. Die Eignerin erhob Klage gegen die Stadt Emden, nun sollte das Gericht entscheiden. Gleichzeitig wurde in der „Nordsee-Zeitung" berichtet: „Wird die ‚Seute Deern' mit vollen Segeln auf Bremerhaven zuhalten, nachdem die Stadtverwaltung von Emden kreuzt und dabei keinen Fußbreit Wasser gewann?" Schließlich wurde vor der Kammer Aurich des Verwaltungsgerichts Oldenburg ein Vergleich zwischen der Stadt und der Klägerin geschlossen: Zunächst befristet auf den 31. Dezember 1968 sollte die „Seute Deern" einen Liegeplatz im Ratsdelft erhalten.

Am 11. Juni 1965 ging die „Seute Deern" im Hafeneinschnitt der Werft Gebr. Schröder auf Grund. Die „Seute Deern", die der Volksmund flugs in „Natte Deern" umgetauft hatte, war leider nicht versichert. Fünf Tage später versuchte man, die Bark wieder schwimmbar zu machen. Die Besatzungsangehörigen zweier britischer Minensuchboote, die auf Besuch in Emden weilten, brachten „Leckkleider" an der Backbordseite an. Die Pumpen zweier Feuerlöschboote und Schlepper kamen zum Einsatz und nach etwa 1 ½ stündigen Lenzen zeigten sich die ersten Erfolge. Ein Taucher stellte ein Leck am Achterschiff fest. Warum die Bark sank, konnte nie festgestellt werden. Gerüchte sagten, dass das Leck vorsätzlich angebracht worden sei, um zu verhindern, dass der Segler im Ratsdelft vertäut wird. Am 23. Juni schwamm das Schiff wieder.

Der Segler wird mit schweren Pumpen leer gepumpt.

Offenbar hatte die Gastwirtin, die so sehr um das Schiff gekämpft hatte, es sich anders überlegt. Die Bark wurde am 20. Juli 1965 weiter verkauft und erhielt nach einer umfangreichen Restaurierung ihren Liegeplatz in Bremerhaven im „Alten Hafen".

Rückblickend lässt sich sagen, dass Erna Hardisty 1964 ein gutes Gespür für das Besondere hatte. Die „Seute Deern" wäre heute im Ratsdelft ein wirkliches Schmuckstück. Übrigens, die ersten Museumsschiffe in Emden, das Feuerschiff „Amrumbank" und der Rettungskreuzer „Georg Breusing" kamen 1983 und 1988 in den Ratsdelft. Die Initiative ging von dem Emder Rechtsanwalt Dr. Erich Brüggemann aus, der Frau Erna Hardisty in der Sache der „Seuten Deern" in den Auseinandersetzungen mit der Stadt Emden vertreten hatte.

■ Über Trinkhallen und Schlickerbuden

Bereits vor dem Zweiten Weltkrieg gab es an einigen markanten Punkten und Spazierwegen in Emden Trinkhallen, die die Kundschaft zu fast jeder Tageszeit mit Getränken, Obst, Kleinwaren, Süßigkeiten für die Kinder und Eis, was ganz besonders wichtig war, versorgten. Jedes Kleinkind kannte die Bedeutung der weißen Steckfahne mit den großen blauen Eis-Buchstaben und es ging kein Weg daran vorbei, ohne dass eine Spitzwaffel mit ein oder zwei Eiskugeln gekauft wurde. Bekannte Trinkhallen waren die von Conrad Bensing, An der Bonnesse, Otto Bleeker am Wallaufgang Auricher Straße, Meindert Dallinga beim Bahnhof Emden-Süd, Heinrich Dallinga in der Nesserlander Straße, Hero Lühring im „Chinesentempel" mit der ersten öffentlichen Toilettenanlage, Bernhard Marinesse in der Großen Straße beim Bahnhof Emden-West, Martin Schier in der Nordertorstraße, in dem Gebäude mit dem zweiten stillen Örtchen, Karl Stoppel am Wallaufgang Am Herrentor und die von Gerhard Wübben auf dem Stadtgarten.

Die Trinkhalle von Gerhard Wübben (*1894, †1986) wurde bereits 1934 auf dem Stadtgarten errichtet. Im Zweiten Weltkrieg wurde sie teilweise zerstört und wieder aufgebaut, bis sie Anfang 1954 dem Neubau des Rieke-Möbelhauses weichen musste. Gerhard Wübben baute dann 1955 in der Straße Zwischen beiden Sielen ein Wohn- und Geschäftshaus, in dem er bis 1969 seinen Kiosk betrieb. In den 50er-Jahren, als wir Kinder durch Emden stromerten, schauten wir bei Gerhard Wübben vorbei, den schon Generationen vor uns gerne geärgert hatten. War ja auch ganz einfach. Wenn jemand von ihm eine Schachtel Streichhölzer mit roten Köpfen verlangte, wurde er richtig böse, hatte er doch selbst rote Haare, wegen der er vermutlich schon als Kind gehänselt worden war. Gerhard Wübben bollerte aus dem Schiebefenster heraus und verjagte die Kinder. Im Volksmund erhielt er den Spitznamen „De roode Wuwu", weil er so aufbrauste und laut herumschimpfte. Ein echtes Emder Original.

Neben dem Schiebefenster standen außen Bonbonieren, aus denen wir Süßigkeiten entnahmen, nachdem wir Gerhard Wübben 10 Pfennig gegeben hatten. Er passte auf wie ein Luchs. Mancher Jugendliche versuchte ihn abzulenken, was manchmal gelang, wenn jemand z. B. eine Coca-Cola verlangte, die etwas weiter hinten in der Trinkhalle stand. Für fünf Pfennig gab es eine kleine Tüte mit Salmiakpastillen, die wir auf den Handrücken als Stern klebten und daran leckten, bis sie verschwunden waren. Ein von Lakritze schwarzer Handrücken war für uns ganz normal.

Nach dem Zweiten Weltkrieg wurden an einigen Stellen neue Trinkhallen eröffnet, Schlickerbuden, wie wir sie auch nannten. Der Pavillon von Georg Gaertner auf dem Stadtgarten war der modernste, alle anderen waren aus Barackenteilen oder Abbruchsteinen errichtet worden. Häufig waren die Betreiber Kriegsversehrte oder NS-Verfolgte, die ihren früheren Beruf nicht mehr ausüben konnten.

Den kleinsten Zeitungskiosk hatte der Kriegsversehrte Gerhard Schliep (*1915, †1983) an der Auricher Brücke, neben der Ruine von Cassens Villa. Er maß gerade mal sechs Quadratmeter, nicht viel Platz für die vielen Zeitungen und Zeitschriften, die untergebracht werden mussten. Gerhard Schliep kannte

Gerhard Wübben auf einem Spaziergang durch Klein-Faldern, 1976.

Der kleinste Emder Zeitungsstand von Gerhard Schliep an der Brücke in der Auricher Straße, 1952.

alle seine Kunden, die sich morgens auf dem Weg zur Arbeit, man war in der Regel mit dem Fahrrad unterwegs, ihre Zeitung abholten. Die BILD kostete 10 Pfennig, die Puppe Bild-Lilli mit Pferdeschwanz –Vorläuferin der legendären Barbie – gab's für 7,50 D-Mark. Neben den Zeitungen wurden Comics, Wildwestromane, Frauenromane u. ä. angeboten. Wir kauften dort unsere Comics, wenn die bei Gaertner bereits ausverkauft waren. Bis Ende 1965 betrieb Schliep den Kiosk und gab ihn dann weiter an Olli Ewald. 1968 wurde das kleine Gebäude im Rahmen der Brückenerweiterung abgebrochen.

Aaltje Staub (*1892, †1960) besaß eine größere Trinkhalle mit Zeitungskiosk in der Großen Straße. Sie gehörte zur Widerstandsbewegung und war 1937 festgenommen und zu acht Jahren Zuchthaus verurteilt worden. 1948 wurde diese Trinkhalle in unmittelbarer Nähe der Ankunfts- und Abfahrtsstelle der Postbusse in die Krummhörn errichtet. Die Werftarbeiter holten sich morgens die aktuelle BILD und die Kinder aus der Nachbarschaft setzten ihr gesamtes Taschengeld in kleine Leckereien um.

Zum Schluss noch eine kleine Begebenheit, die sich im Jahre 1950 in der Faldernstraße abspielte. Kioskbesitzer Georg Erdmann hatte ohne behördliche Genehmigung auf einem Grundstück neben dem Fahrradhändler Conradi eine Trinkhalle errichtet. Die Stadt Emden forderte Georg Erdmann qua Verfügung auf, den Kiosk zu entfernen, weil dieser illegal und mit einer geordneten städtebaulichen Entwicklung nicht zu vereinbaren sei. Das ging so eine ganze Weile hin und her, bis es der Stadt zu bunt wurde und sie Erdmann mit dem sofortigen Vollzug drohte, wenn das „Bauwerk" nicht entfernt würde. Erdmann dachte nicht daran, seine verkehrsgünstige Lage aufzugeben. Er ersann eine List. Über Nacht rollte er den Kiosk auf dünnen Rundhölzern einfach auf ein anderes Grundstück, womit die gesamten Verfügungen hinfällig wurden, denn der Kiosk stand bereits an einem anderen Platz. Mehr als sechs Jahre ging das Hin- und Her, bis Erdmann aufgeben musste, weil die jeweiligen Grundeigentümer auf Unterlassung von der Stadt Emden verklagt werden sollten.

Die Trinkhalle von Aaltje Staub in der Großen Straße an der Ecke zur Ringstraße am Burgplatz, 1950.

Die Tanzstunden bei Hausdörfer und Schrock-Opitz

Als meine Eltern beschlossen, dass ich Standardtänze lernen müsste, war es gar nicht so einfach, die ersten Schritte in eine neue Zeit zu machen. Meine bisherigen Erfahrungen waren bescheiden. Auf der ein oder anderen Familienfeier hatte ich mich zwar in so etwas Ähnlichem wie einem Standardtanz versucht, aber die Füße wussten gar nicht, was sie dabei machen sollten. Außerdem waren die Füße der Tanzpartnerin im Weg und der Tanz endete in einem Fiasko. Meine Eltern meinten, Übung macht den Meister und meldeten mich in der Tanzschule von Emil Hausdörfer in der Petkumer Straße 11 an. Dort sollte ich langsamen Walzer, Tango, Foxtrott und Wiener Walzer erlernen.

Die erste Tanzstunde stand an und notgedrungen machte ich mich auf den Weg, gesellschaftsfähig zu werden. Der Anfang war schlecht, denn es waren nicht genug Damen anwesend. Vielleicht hatten sie es ja nicht so dringend nötig, wie die ungelenken Herren, die den kleinen Tanzsaal bevölkerten. Nun, die erste Lektion bestand darin, eine junge Dame formvollendet aufzufordern. Wir saßen uns auf den Stühlen gegenüber und Herr Hausdörfer zeigte es uns: Eine kleine Verbeugung mit dem Kopf: „Darf ich bitten?"

Nun waren wir dran. Dass es nicht auf Anhieb klappen konnte, überraschte nicht, obwohl wir uns wirklich Mühe gaben. Fünf bis sechs Mal mussten wir üben, bis wir den Bogen raus hatten. Jetzt kamen die ersten Tanzschritte dran. Herr Hausdörfer machte es uns vor – sah ja ganz leicht aus – aber als wir uns mit einer der Damen bewegten, war es, als wenn zwei tanzende Besenstiele über das Parkett schritten. Irgendwelche Füße waren ständig im Weg. Noch einmal von vorne das Ganze. Die Herren sollten führen, die Damen sich gefälligst zurückhalten.

Jeder von uns brachte seine Tanzpartnerin am Ende der Stunde nach Hause, das war selbstverständlich. Meine erste Tanzpartnerin wohnte in Uphusen, das hatte ich bereits herausbekommen. Ich seufzte, das würde ein langer Rückweg werden. Kaum waren wir draußen, da sagte sie: „Du bruukst mie net nat Huus brengen, ick bin mit Rad!" Was war ich froh, dass ich nicht so weit laufen musste!

Eine Woche später begann die zweite Stunde, bei der leider wieder zu wenige Damen anwesend waren. Reihum mussten wir einen Stuhl auffordern und mit ihm tanzen. Das war mir zu dumm. Ich bekniete meine Eltern, mich im „Lindenhof" in der Tanzschule von Hans-Günther Schrock-Opitz anzumelden. Die Tanzschule kam aus Leer und sie war bereits in den 50er-Jahren die führende Schule für Gesellschaftstanz in der Region. In Anzeigen warb sie mit dem „Haus der Tanzkunst", in dem sogar große Tanzsportveranstaltungen durchgeführt wurden. Meine Eltern willigten ein.

So begann mein Grundkurs in der Tanzschule im „Lindenhof". In der ersten Stunde übten wir, wie die Damen, die alle an kleinen Tischen saßen, aufgefordert wurden. Na, das kannte ich ja schon. Erste Grundschritte übte jeder für sich im Kreis, bevor uns Tanzlehrer Schrock-Opitz aufforderte, eine Dame um den Tanz zu bitten. Alle stürmten los und das Gewühl war groß, weil viele der jungen Männer, die drei vermeintlich hübschesten Damen auffordern wollten, einen Diener machten und die Aufforderung aussprachen: „Darf ich bitten?"

In den nächsten Tanzstunden hieß es üben, üben, üben bis der Tanzlehrer einigermaßen zufrieden war. Es war schon kompliziert, den Takt zu halten, die Schrittfolge, die Stepps waren zu zählen, auf die eigenen Füße aufzupassen und, was noch viel wichtiger war, der Partnerin nicht auf die Füße zu treten. Meine Partnerin und ich hatten den gleichen Nachhauseweg. Zunächst kam kein

Gespräch auf, wir wussten nichts voneinander und waren schüchtern. Von Mal zu Mal wurde es besser.

Sehr schnell rückte der Abtanzball heran. Festliche Kleidung gehörte dazu, ein Ballkleid für die Dame und der dunkle Gesellschaftsanzug für den jungen Herrn. Bewaffnet mit einem Blumenstrauß, mussten wir unsere Tanzpartnerin von zu Hause abholen. Die Blumen waren für die Mutter der Tanzpartnerin und wurden mit einem tiefen Diener überreicht, verbunden mit der Frage, ob man die Tochter zum Ball ausführe dürfe. Man durfte.

Alle waren nervös. Die Damen zogen sich regelmäßig grüppchenweise nach nebenan zurück, um neues Make-up aufzulegen. Die jungen Herren versuchten sich mit etwas Alkoholischem Mut zu verschaffen. Doch keiner blamierte sich, alles ging gut. Die Eltern und der Tanzlehrer waren sehr stolz auf uns. Wir waren ein kleines Stück erwachsener geworden.

Abtanzball 1964 im Lindenhof.

„Rammpahl" Bakker un sien Zigarr

Als Cornelius Bakker am 22. November 1977 verstarb, hatte der 82-jährige ein arbeitsreiches Leben hinter sich. In der Zeit nach 1945 gehörte er zu den Männern, die sich direkt am Wiederaufbau unserer Stadt beteiligten. Von Beruf Zimmerermeister, war er als Bauunternehmer und Kommunalpolitiker tätig. Am 28. November 1948 wurde er als Ratsherr, zuerst als Mitglied der FDP und später der SPD Fraktion, über fünf Perioden hinweg in den Rat der Stadt Emden gewählt. Die Geschicke seiner Vaterstadt lagen ihm besonders am Herzen. Mit dem Tod von Cornelius Bakker ging ein Stück lebendige Emder Stadtgeschichte zu Ende.

Bereits während des Zweiten Weltkrieges hat Cornelius Bakker unzählige Reparaturen und Wiederaufbauten an bombenzerstörten Wohn- und Geschäftshäusern durchgeführt. An dem Neu- und Wiederaufbau vieler Bauwerke war er nach Kriegsende beteiligt: Das Hotel „Zur Waage", das „Deutsche Haus" von Ait van Dyken oder das Verlagsgebäude der Emder Zeitung, Zwischen beiden Märkten, das 2011 abgebrochen wurde, um dort einen Neubau zu errichten.

Als in den 50er-Jahren zahlreiche Gebäude nicht wieder an der gleichen Stelle errichtet werden konnten, benötigten die neuen Häuser eine Tiefgründung aus Pfählen. Cornelius Bakker war der Unternehmer, der diese enorme Aufgabe bewältigte und galt bald als der größte Rammunternehmer der Stadt. Als König der Rammpfähle hatte er schnell den Beinamen „Rammpahl" Bakker weg.

Emdens führende Männer aus Wirtschaft und Politik trafen sich viele Jahre im „Deutschen Haus" am Stammtisch, einer von ihnen war der Unternehmer „Rammpahl" Bakker, der ein passionierter Zigarrenraucher war. Ohne eine Zigarre im Mund war er selten anzutreffen. Eines Abends saß ein Vertreter der Firma Bredehorst, die Zigarren an das „Deutsche Haus" lieferte, am Tisch. Es entstand ein längeres Gespräch über die Art und Weise, Brasil-Zigarren zu rauchen. Der Vertreter eröffnete „Rammpahl" Bakker, dass seine Firma daran denke, eine ganz besondere handgedrehte, lange dunkle Brasil herzustellen. Er schlug dem verblüfften Bauunternehmer vor, die Zigarre könnte

Cornelius Bakker als Emder Schützenkönig im Jahre 1958.

doch den Spitznamen „Rammpahl" erhalten, den man auf der Bauchbinde anbringen würde. Zu kaufen gäbe es diese Zigarre exklusiv und als Hausmarke nur im „Deutschen Haus". Gesagt, getan, die Idee wurde bei der Firma Bredehorst schnell realisiert. Als der Wirt Ait van Dyken die nächste Lieferung Zigarren erhielt, war der „Rammpahl" mit dabei. Seit dieser Zeit rauchte Cornelius Bakker „sien Rammpahl". Noch heute erinnern sich viele an diese ganz besondere Zigarre und wenn jemand eine wirklich dicke Brasil anraucht, dann heißt es: „Kiek an, een Rammpahl!"

Unser Dampfradio mit dem magischen Auge

Kurz nach Kriegsende besaß unsere Familie kein Radio, weil es noch keine neuen Geräte gab und ein altes nur schwer aufzutreiben war. Radio hören war jedoch sehr beliebt, was tun? Wir bauten selbst eins! Es gab zwar damals den Kosmos Baukasten „Vom Gebirg zum Ozean alles hört der Radiomann", der wurde allerdings für 28,50 D-Mark angeboten – für uns unerschwinglich. Blieb nur der Bau eines einfachen Detektors. Die Einzelteile besorgten wir bei Oltmanns Söhne: Buchsen, Bananenstecker, eine Diode, Abstimmkondensatoren und den Kristalldetektor. Alles wurde auf einem kleinen Brett angeordnet. Wichtig war gute Erde und eine 10 Meter Antenne. Den Kopfhörer hatten wir aus Wehrmachtsbeständen organisiert. Das Einfach-Radio funktionierte und abends im Bett hörten wir laut und deutlich BBC-London. Eine Relaisstation stand auf Norddeich-Radio, was von Emden aus ja gar nicht so weit weg war.

Dann endlich kam das erste Radio ins Haus und war ein echtes Statussymbol: Es stand in der guten Stube, dekoriert mit einem Deckchen nebst Nippes oder Blümchen. Nur das Familienoberhaupt durfte das von ihm gehütete Rundfunkgerät bedienen. Auf der beleuchteten Skala mit gelblichen Licht waren viele Sender zu erkennen, die heute schon der Vergangenheit angehören: AFN, BFN, Rias-Berlin, Sender Freies Berlin, NWDR, Berlin-Ost … Und dann das magische Auge, grün leuchtend, mit dem der gewünschte Sender genau eingestellt werden konnte. Die Linien lagen dicht beieinander und bewegten sich nur manchmal etwas.

Unsere Herzen hüpften vor Freude, wenn ein neuer Sender gesucht wurde. Die Linien in dem grünen Auge sprangen nur so zusammen und wieder auseinander. Einmal war ich alleine zu Hause, stand vor dem Radio und schaltete heimlich das Gerät an. Das grüne Auge hüpfte hin und her, als ich an dem Knopf drehte. Vater bemerkte am Abend natürlich sofort, dass da einer den Sender verstellt haben musste, als er seine Sendung „Herr Sanders öffnet seinen Schallplattenschrank" hören wollte. Kriminalhörspiele wie von Francis Durbridge, z. B. „Paul Temple und der Fall Madison" waren spannend und gruselig, besonders dann, wenn während der Sendung das

Ein Röhrenradio mit magischem Auge.

Tageslicht verblasste. Unsere Mutter hörte gerne die Sendungen mit der Lebensberatung von Dr. Walther von Hollander. Wir durften sonntags ab 14:30 Uhr dem Kinderfunk lauschen. Unvergessen sind die Serien von Kalle Blomquist und seinen Freunden Eva-Lotta und Anders. Kalle war der Meisterdetektiv, der die schwierigsten Verbrechen aufklärte. Als erstes erklang die Erkennungsmusik: „Wird etwas gestohlen, an irgendeinem Ort, dann muß man sich holen unbedingt sofort: Kalle Blomquist, den Meisterdetektiv, Kalle Blomquist, den Meisterdetektiv." Manchmal wurde es für die Freunde echt gefährlich und die Spannung wuchs, so dass wir fast in den

Radioapparat „hineinkrochen". Was haben wir mitgefiebert und gezittert, wenn es Schwierigkeiten gab!

Wer erinnert sich noch an den Suchdienst des Deutschen Roten Kreuzes, der jeden Mittwoch um 15:50 Uhr ausgestrahlt wurde? Kinder suchten nach ihren Eltern oder Ehefrauen nach ihren Männern, die im Krieg verschollen waren. Am Heiligen Abend wurde das Radio angestellt, um einer Sendung zu lauschen, die über Radio Norddeich in alle Welt ausgestrahlt wurde und in der Familienangehörige über den Seefunk ihre Väter oder Söhne auf hoher See grüßten, fern der Heimat: „Papa, wann kommst Du wieder nach Hause?"

Dann kam der 4. Juli 1954, der Tag, an dem alle vor dem Radio saßen, weil um 16:50 Uhr das Spiel Deutschland gegen Ungarn in Bern von dem englischen Schiedsrichter William Ling angepfiffen wurde. Als die ersten beiden Tore im Netz des deutschen Tores landeten, machte sich eine große Enttäuschung breit. Dann fielen die Ausgleichstreffer und es stand beim Seitenwechsel 2:2. In der Wohnstube fieberten alle mit und als sechs Minuten vor dem Schlusspfiff Hans Schäfer flankte und ein Ungar das Leder auf die rechte Seite köpfte, nahm Helmut Rahn den Ball auf. Dann kam das, was für die, die es gehört haben, für immer unvergessen blieb: „Schäfer flankt nach innen – Kopfball – abgewehrt – aus dem Hintergrund müßte Rahn schießen – Tooooor!!! Tooooor!! Tooor! Tor für Deutschland." Noch einige Minuten herrschte höchste Anspannung, dann fiel man sich um den Hals: „Deutschland ist Weltmeister."

Das Wunder von Bern, wie es später hieß, wurde in anderen Städten von Trauben von Menschen verfolgt, die vor Schaufenstern mit Fernsehern standen, auf denen das Spiel direkt übertragen wurde. In Emden war der Fernsehempfang erst ab 1955 möglich. Dann aber wuchs allmählich der Antennenwald auf Emdens Dächern, wenn auch der Besitz eines eigenen Fernsehers noch nicht selbstverständlich war. Noch einige Jahre lang luden sich die Verwandten oder Freunde eines Fernsehgerätbesitzers gerne bei ihm ein, um die schwarz-weißen Bilder zu sehen. Die Tagesschau war der Renner, Peter Frankenfeld und die Sendungen von Hans-Joachim Kulenkampff waren beliebt. Eine neue Qualität des Erlebens eröffnete sich den Zuschauern mit den Live-Übertragungen besonderer Ereignisse. Die ersten Großereignisse, die direkt einem großen Publikum zugänglich gemacht wurden, waren die Krönung Königin Elizabeth II. von England am 2. Juni 1953 und die bereits erwähnte Fußballweltmeisterschaft 1954.

Der Jubel kannte keine Grenzen: Die Fußball-WM 1954, im Vordergrund Hans Schäfer.

Halbstarke

Wir waren halbstarke Jünglinge, die sich in Sachen Mode und Sprache an den Vorbildern orientierten, die wir in Filmen gesehen hatten, wie z. B. James Dean in „… denn sie wissen nicht, was sie tun" oder auch „Die Halbstarken" mit Karin Baal und Horst Buchholz, Erstaufführung am 27. September 1956. Wichtigstes Kleidungsstück war die Nietenhose von der Firma „Levi's" und nur diese durfte es sein. Dabei war hauteng „in". Wir stiegen mit der Hose in die Badewanne und ließen sie am Körper trocknen. Ein Geheimtipp war, mit der Hose in das Salzwasser der Ems zu steigen statt in die häusliche Badewanne. Welche der Methoden wir auch anwandten, immer haben wir die Hosen geschrubbt, damit sie aus sahen, also ob sie schon sehr lange getragen worden wären.

Wenn wir in die Schule gingen, waren wir angetan mit Nietenhosen, karierten Hemden, Nietenjacken und pomadisierter Elvistolle oder Bill Haley-Schmalzlocke, was von den Lehrern nicht gerade gerne gesehen wurde. Heimliches Rauchen in der hinteren Ecke des Schulplatzes war an der Tagesordnung. Einer der Rebellen schrieb während einer Schulpause – in der nächsten Stunde sollte der Religionsunterricht stattfinden – mit Kreide an die Wandtafel im Klassenraum „Mein Gott ist Elvis". Das anschließende Donnerwetter war ohrenbetäubend, die Suche nach dem Übeltäter blieb ohne Erfolg. Aus unserer Klasse waren ja alle auf dem Pausenhof gewesen …

Nach der Schule gingen wir gerne in die Eisdiele von Menotti Corazza, den Eis-Salon „Venedig" in der Neutorstraße 38, um dort Coca-Cola zu schlürfen und uns ab und an einen Eis-Spezial-Becher zu leisten. Die Eisdiele war der Schülertreffpunkt und erste Rendezvous zwischen Mädchen und Jungen fanden hier statt. Andere gingen in die erste Emder Milchbar von Frau Rossmeisl neben der Gaststätte „Hohenzollern" in der Neutorstraße 48. Im „Steinkart", Zwischen beiden Sielen, spendierten die Seeleute, die dort ein und aus gingen, den „Halbstarken" ab und an eine Coca-Cola. Allerdings hatte das Café „Steinkart", das im Volksmund „Zum schmierigen Löffel" genannt wurde, keinen guten Ruf.

Zwei Emder Halbstarke, aufgenommen im Fotoautomaten des Kaufhauses Hertie, 1964.

Am späten Nachmittag trafen wir uns in Gruppen unter den Arkaden in der Neutorstraße, bei der Persiluhr neben dem Kiosk Gaertner, bei Tchibo auf eine Tasse Kaffee oder auch am Schwanenteich, um dort die neuesten Singles von Chuck Berry, Buddy Holly, Elvis Presley oder Eddie Cochran zu hören. Wir hatten einen tragbaren Schallplattenspieler, mit dem wir über den Wall bis zum Schwanenteich liefen und es wurde bis zur einbrechenden Dunkelheit getanzt. Abends gingen wir in die „Hängematte", Neutorstaße 65, die täglich schon ab 15:00 Uhr Tanz nach der Musikbox „für Teenager, Twens und alle, die sich jung fühlen", anbot. „Doll, dollar, am dollarsten", war der Spruch in einer Anzeige. Für eine Coca-Cola mussten wir 55 Pfennig, für Cola-Rum 1,35 D-Mark und für ein Bier 1 D-Mark bezahlen. Den Raum erleuchtete schummriges Licht, dass von Kerzen erzeugt wurde, die auf vollgetropften Flaschen steckten. Später zog in die Räumlichkeiten Katrin Sommer mit ihrem „Chez Katrin" ein, das im südländischen Stil ausgestattet war. Auch diese Wirtin warb mit Tanzangeboten für Jugendliche. Getränke gab es zum Einheitspreis von 1 D-Mark.

Ein völlig anderes Ambiente bot der „Club 69" in der Neutorstraße 93, der 1963 eröffnet wurde. Zahlreiche Nischen standen als lauschige Plätzchen zur Verfügung und dämmrig war es obendrein. Getanzt wurde auf einer sehr kleinen Tanzfläche, die wir als „Nahkampfdiele" bezeichneten. Die schwarzen Wände des Lokals waren mit einer fluoreszierenden Landschaft bemalt. An der Decke waren Schwarzlichtbirnen angebracht, die alle weißen Kleidungsstücke in hellem, bläulichen Licht leuchten ließen.

Emder Wochenmarkt in den 50er- und 60er-Jahren

Wer erinnert sich noch an den Blumenstand in der Neutorstraße, in der Baulücke zwischen dem Modehaus De Wall und Foto Fokuhl? Bei Heinrich Schmidt, der einen großen Gartenbaubetrieb führte und den Stand jahrelang betrieb, konnte man sicher sein, frische Blumen kaufen zu können. Nun, dieser Stand war nicht der einzige. In den 50er-Jahren wurden auf vielen Trümmergrundstücken Verkaufsstände aufgestellt, wie auch der von Gerhard Meinders, der in der Großen Straße 54 an der gleichen Stelle ab 1955 ein Gemüse- und Obstgeschäft betrieb. Karl Lingener hatte in der Straße Zwischen beiden Sielen einen Fruchtstand. Dort kosteten 1a Tomaten 2 ½ Pfd. 1,00 D-Mark, Kirschen 1 Pfd. 0,60 D- Mark, Kartoffeln 10 Pfd. 1,20 und Möhren, der Bund 0,10 D-Mark. Um frische Ware kaufen zu können, hatten die Emder wahrlich viele Wege zu machen!

Mit dem Beginn des Wochenmarktes im Jahre 1958 kam das Ende der „fliegenden" und fahrenden Händler, die ihre Stände nun nur noch auf dem Markt aufstellen sollten. Erreicht hatte dies der erste Marktmeister Karl Hoffmann, der viel Überredungskunst aufbringen musste, um die fahrenden Straßenhändler „sesshaft" zu machen. Unterstützt wurde er von der Ratsherrin Maria Wilts, die sich besonders für die Einrichtung des Wochenmarktes auf dem Neuen Markt eingesetzt hatte. Die Kunden freuten sich, denn sie konnten nun die angebotenen Waren leichter vergleichen und prüfen. Das ewige Suchen hatte ein Ende.

Am 1. Juli 1958 begann auf dem Neuen Markt der erste gut beschickte Probemarkt, zu dem sich zwölf Markthändler bei der Stadt angemeldet hatten. Ein kleiner Anfang. Doch die Inhaber der Gemüse- und Obststände auf den Trümmergrundstücken merkten schnell, dass auf dem Markt ein guter Umsatz zu erzielen war. An einem Markttag waren hunderte von Kauflustigen anzutreffen, die von dem reichhaltigen Angebot Gebrauch machten. Allein an drei Verkaufswagen konnten Fleischerei-Erzeugnisse gekauft werden. Ein Chronist schrieb: „Nun haben wir ihn: den ersehnten Wochenmarkt!" Zufrieden gingen die Hausfrauen mit gefüllten Einkaufstaschen und Netzen nach Hause – Papiertüten gab es nicht. Emder Kleikartoffeln, Äpfel oder Apfelsinen wurden von der Waagschale entweder direkt in das Einkaufsnetz oder in eine von Hand gedrehte Zeitungstüte geschüttet.

Zu Anfang fand der Markt täglich von 8 bis 12:30 Uhr statt, was sich jedoch nicht lohnte. Dienstag, Freitag und Samstag kristallisierten sich als die Markttage heraus, an denen der Emder Bürger eingeladen wurde, Obst, Blumen, Wurst, Käse und was es sonst noch so saisonal bedingt gab zu begutachten und natürlich auch zu kau-

fen. Frisch vom Erzeuger auf den Teller des Hauses! Und wie immer schon, trafen sich die Menschen auf dem Markt, um sich das Neueste erzählen zu können. Ob Freud oder Leid, jede Nachricht ging rasch von Mund zu Mund.

Der „billige Jupp" beim Abwiegen der Waren an seinem Verkaufsstand: „Stimmt so!" Joachim Münch wurde am 19. November 1914 in Cottbus geboren und verstarb am 12. Februar 1988 in Oldenburg.

Der Wochenmarkt 1965 auf dem Neuen Markt, rechts auf dem Bild das Kino „Schauburg".

„Hest Du all hört?" oder „Wat mookt De und De?" „Du, de billige Jupp, de hett gaude Bananen!"
Zu den ersten Marktbeschickern zählten Heinrich Schmidt aus Marienhafe, Wilhelm Buhr aus Riepe, Käthe Molzahn aus Hinte und aus Rostrup Johnny Sander sowie Joachim Münch, genannt der „billige Jupp", der einmal sagte: „Unser größtes Kapital ist die Schnauze!" Der „billige Jupp" kam mit seinem Lastwagen aus Rostrup bei Bad Zwischenahn, von dessen Ladefläche er seine Waren lautstark an die Frau oder an den Mann brachte. Sein Standplatz befand sich an der oberen Ecke zum Kino „Schauburg" hin, neben der damals dort stehenden Normalzeituhr mit der Persilreklame. Umringt von Kauflustigen bot er seine Ware, mal Bananen oder Äpfel, mit dem Ruf „Noch eine Banane drauf, alles für 2,50 Mark!" Mehr als 25 Jahre war er auf dem Wochenmarkt zu finden, bis er seinen Beruf aus Krankheitsgründen aufgeben musste. Für Emden war er der Marktschreier schlechthin. Keiner nach ihm hatte so einen Zulauf an Kundschaft wie er.

Abends ins „Moulin Rouge"

Wir trafen uns vor dem Reichshof, insbesondere am Sonnabend, um Tanzen zu gehen. Im „Moulin Rouge" am Neuen Markt war immer etwas los, es hatte täglich geöffnet und ab 19:00 Uhr spielten Live-Bands. Wir trugen Anzug mit Nyltesthemd und einen Binder aus Leder in schwarz oder weiß, möglichst schmal musste er sein. Zur Not tat es das Schuhband, wenn kein Schlips zur Hand war, schließlich bestand Schlipszwang. Der Pflegekomfort des Nyltesthemds war groß, der Tragekomfort ging gegen null. Dieses Hemd aus Kunstfasern war schrecklich, entweder fror man darin, wenn es eiskalt war oder es klebte auf der Haut, wenn einem heiß wurde. Besonders das Schwitzen war unangenehm. Im Tanzsaal stand die schlechte Luft förmlich, vernebelt mit Zigarettenrauch. Die Herrenfrisur bestand aus einer pomadigen Entenschwanzfrisur und einer Schmalzlocke, wie sie Bill Haley trug, oder der Elvistolle.

Die jungen Mädchen trugen Kleider mit sehr weiten, ausladenden Röcken, unter denen ein Petticoat getragen wurde. Der aufbauschende Unterrock, verziert mit Rüschen, Reifen und Spitzen war unerlässlich, wenn man Rock'n'Roll tanzte, weil er die Beschwingtheit des Tanzes betonte. Dazu trug die modebewusste junge Frau eine Pferdeschwanz-Frisur, was mädchenhaft wirkte.

Unsere Frisuren waren eine Befreiung von den Zwängen des Alltags und richteten sich gegen das „Althergebrachte". Oft verboten uns die Eltern, das Haus in dieser Aufmachung zu verlassen und erst bei Freunden konnten wir uns modisch „stylen".

Das „Moulin Rouge" betraten wir, indem wir zwei schwere Samtvorhänge beiseite schoben, die die Zugluft abhalten sollten. Wir wurden von einem dämmrig erleuchteten Vorraum mit Garderobe empfangen und gelangten in den großen Tanzsaal. Blau und rot leuchtete es von der Decke und den Wänden. Der Tanzsaal und die etwas tiefer liegenden Räume waren fast voll besetzt. Rauchschwaden durchzogen die Luft. Auf dem Balkon hatte sich die Live-Band „Trotters" bereit gemacht. Zu dieser Zeit spielte oft der damals 16-jährige Otto Waalkes als Gast in der Band. Ich erinnere mich daran, dass Otto Waalkes auf einer privaten Gesellschaft im Jahre 1964 den Krückebeintwist spielte: „Komm' reich' mir Deine Gummihand und stell' das Holzbein an die Wand ... yeah, yeah." Feste Bandmitglieder waren in 1964 und 1965 Jann Meyer, Michael Meisenberg,

Die „Trotters" im „Moulin Rouge", das die „Mühle" genannt wurde.

Roland Freund und Leo Schulz. Die „Trotters" heizten die Stimmung mit hämmernden Rhythmen ein und man hatte das Gefühl, dass die Wände wackelten.

Eine Emder Tageszeitung berichtete, dass auf der Tanzfläche Paare wie auf einer glühenden Kochplatte herumhüpften. Ein derartiges Hopsen, Schlenkern mit den Armen, Beinen und dem Kopf galt als unmoralisch und wurde als „Affentanz" bezeichnet. Für Teenager, Twens und alle älteren Jahrgänge, die sich ein junges Herz bewahrt hatten, sei dieses die richtige Musik, hieß es in der Zeitung: „Zugegeben, Leute mit empfindlichen Ohren und Philister sollten lieber draußen bleiben und sich ihr Bier in einem anderen Lokal genehmigen."

Helden unserer Kindheit – „Akim", „Sigurd" und „Falk"

Es waren die kleinen Kioske, die die lesehungrige Jugend anzogen, so wie der Pavillon von Georg Gaertner am Stadtgarten, an dessen Rückseite die neuesten Groschenhefte präsentiert wurden. Die druckfrischen Comics hatten einen besonderen Duft, der uns in die Nase stieg. Die bunten Hefte zogen uns magisch an und jeden Freitag gab es neue Geschichten. Besonders gefragt waren die Piccolo-Serien „Akim, Neue Abenteuer", „Sigurd", „Falk, Ritter ohne Furcht und Tadel", „Tibor, Sohn des Dschungels" und „Nick, der Weltraumfahrer". Der Held „Sigurd" imponierte uns durch seine unerschrockene Art. Er war treu, ehrlich und gut. Ebenso verschlungen wurden „Prinz Eisenherz" und „Lucky Luke".

Doch die Umsetzung unserer Wünsche scheiterte, wie so oft, am Geld. 20 Pfennig kostete das im DIN-A6-Format gedruckte Heftchen! „Tarzan, Die kühnsten Abenteuer des Urwaldmenschen" oder „Prinz Eisenherz", die uns auf 36 Seiten eine neue Welt verhießen, kosteten sogar unglaubliche 50 Pfennig. Wer über wenigstens ein bisschen Geld verfügte, versuchte an die teueren Hefte heranzukommen, in dem er sie z. B. gegen drei „Akim" oder „Sigurd"-Hefte eintauschte. Wer noch weniger Geld hatte, ging entweder zu Martin Olszewski in die Kranstraße 18 oder zu Gottfried Henning, Neuer Markt 14, wo u. a. gebrauchte Hefte getauscht werden konnten. Die etwas besser erhaltenen kosteten zehn Pfennig und die reichlich abgegriffenen waren schon für fünf Pfennig zu haben. Manches Taschengeld wurde für „Micky Maus" ausgegeben, um die wunderbaren Neuigkeiten aus Entenhausen in Erfahrung zu bringen. Einige gründeten sogar eigens einen Micky-Maus-Club, dessen Treffpunkt am Larrelter Tief an einem Heuhaufen war.

Zu Hause konnten und durften wir unsere Hefte nicht lesen. Diese Schundliteratur, wie sie damals bezeichnet wurde, war der Schrecken der Eltern. Wenn sie gewusst hätten, dass die Sprösslinge nachts heimlich im Bett unter der Bettdecke mit einer Taschenlampe diese Hefte lasen, es hätte ein Riesendonnerwetter gegeben. Die „Akim"-Hefte wären in den Mülleimer gewandert oder sogar verbrannt worden.

Am liebsten lasen wir unsere Heftchen auf dem Schulhof in der Pause oder in den langweiligen Unterrichtsstunden. „Akim" war spannender als der Lehrstoff, den die Lehrer uns beibringen sollten. Wehe, der kam dahinter, dass wir unter der Bank Comics lasen! Das Heft, das wir vielleicht während der Pausen gegen ein anderes tauschen wollten, wäre konfisziert worden.

Die Pädagogen machten bereits 1956 Front gegen Schmöker und Filme, die ihrer Meinung nach einen „schlechten" Einfluss auf die heranwachsende Jugend ausüben würden. Es wurde zum Kampf gegen Schund- und Schmutzschrifttum aufgerufen und die Emder Jugend 1956 aufgefordert, zwischen dem 4. und 10. März ihre Schundliteratur gegen gute, lehrreiche Jugendbücher umzutauschen. Besucher konnten im Gebäude der „Kunst" in der Großen Straße die ansehnliche Schau der guten Jugendbücher in Augenschein nehmen. Die älteren Besucher waren begeistert und überzeugten sich gerne persönlich von dem hohen erzieherischen Wert der ausgestellten Bücher. Dem Heftchenpreis entsprechend wurden Tauschmöglichkeiten im Verhältnis 1:1, 1:3 und 1:5 angeboten. Allein am Sonntag wurden in zwei Stunden 7 000 Schundhefte abgegeben. Am Ende des Tages waren insgesamt 9 600 Comics und sonstige Heftchen eingesammelt und eingetauscht worden. Insgesamt wurden 10 343 Schmöker im Wert von 3 953,20 D-Mark eingezogen. Ein wahrlich erstaunliches Ergebnis.

Dabei war das mit der Schundliteratur so eine Sache, denn nicht nur wir Kinder und Jugendliche liebten die leicht

Hermann Gerhardt und Franz Oortgiese beim Lesen von Micky Maus am Larrelter Tief, 1958.

verdaulichen Geschichten. So erinnere ich mich daran, dass meine Mutter liebend gerne die Schicksalsromane mit Herz und Schmerz las, die „Erika" oder „Silvia" Hefte, die es bei Hennings zu kaufen gab. Unser Vater sah das gar nicht gerne, er zog das gute Buch vor. Was er duldete war u.a. „Constanze", die beliebteste und meistverkaufte Frauenzeitschrift der 50er-Jahre oder „Heim und Welt". Nun, Mutter entwickelte eine List. Sie legte die heißgeliebten Heftchen in die Zeitschrift und las mit großem Interesse. Vater durchschaute seine Frau schnell. Nach einer gewissen Zeit fragte er: „Du liest aber heute besonders lange an der einen Seite, was ist denn da so spannend?" Rasch klappte Mutter die Zeitschrift zu und legte sie weg. Eines Tages las Mutter wieder ihren Schmöker und hatte gar nicht bemerkt, dass sie die Zeitschrift verkehrt herum hielt. Schmunzelnd verfolgte Vater das Spiel. Nach einer Weile sagte er zu ihr: „Eva, ich wusste noch gar nicht, dass Du die Zeitschrift auch auf dem Kopf lesen kannst. Das ist ja ganz was Neues!" Erstaunt sahen wir uns an und lautes Gelächter schallte durch den Raum. Ab da wurden die Schmöker offen gelesen.

Wessel Ruben und sein Pferd Lottchen

Laut Adressbuch von 1937 belieferten vor dem Zweiten Weltkrieg 16 bespannte Milchverteiler im Emder Stadtgebiet ihre Kunden. Einer von ihnen war Wessel Ruben mit seinem Milchwagen, den sein Pferd Lottchen zog. Seit 1929 war Wessel Ruben bei jedem Wetter im Stadtgebiet unterwegs und belieferte seine treuen Kunden. Zunächst verwendete er einen offenen Pferdewagen, mit einzelnen Milchbomben auf der Ladefläche. Ende der 30er-Jahre ließ er sich von dem Stellmacher Eildert Mülder, dessen Werkstatt sich in der Blumenbrückstraße 4 befand, einen hölzernen Milchwagen mit Aufbauten herstellen. Zum Jahresende 1976 endete die letzte Fahrt.

Typisch für Wessel Ruben war die große lederne Geldtasche, die er umgehängt trug. Mit Lottchen ging es jeden Morgen von der Finkenstraße 1 in Larrelt aus mehr als 25 km durch die Stadt. Wessel Ruben galt als ein sehr zuverlässiger Mensch, der bereits morgens um 4 Uhr mit seinem Milchwagen, der zu Anfang noch mit Eisenreifen beschlagene Räder besaß, durch Larrelt ratterte. Mit der Morgenstille war es dann für viele aus und vorbei. Zehn Stunden konnten die Touren von Wessel Ruben dauern, dabei war er pünktlich. Fast immer zur gleichen Zeit schlug er an den gleichen Stellen die große Glocke und die Kunden strömten aus den Häusern zu ihm. Nach etwa sechs bis acht Häusern blieb er stehen und wartete auf die Hausfrauen, die mit ihren Potten oder der „Melkbombe" herbei eilten. So wechselten in der sechs Tagewoche täglich rund 300 Liter Milch aus dem Tank oder in Flaschen den Besitzer. Neben Rohmilch verkaufte Ruben auch Buttermilch oder Buttermilchbrei, den sogenannten „Karmelkbree". Letzteren aber nur auf Bestellung.

Von 1929 bis etwa 1934 bezog Wessel Ruben die Milch von den Larrelter bzw. Wybelsumer Bauern, danach von

Wessel Ruben mit seinem Pferd Lottchen in der Altstadt, Schulstraße. Wessel Ruben wurde am 4. Dezember 1910 geboren und verstarb am 5. Juli 1984 in
Emden.

der alten Molkerei an der Larrelter Straße neben dem Wasserturm. Ab 1938 erhielt er die Milch von der Milchabsatzgenossenschaft Emden an der Auricher Straße, zu der er jeden Morgen fahren musste. Es waren weite Touren, die Lottchen in den letzten Jahren absolvieren musste.

Unser Onkel Ruben, wie wir Altstadtkinder ihn nannten, machte uns gerne eine Freude. Wir durften uns auf den Rücken seines Pferdes setzen oder er ließ uns ein Stückchen auf dem Wagen im überdachten Kutschbock mitfahren. Sein gutmütiges Lottchen zuckelte dann langsam durch die Straßen und hielt an, kurz nachdem die Glocke angeschlagen wurde. Auf der Rücktour nach Larrelt machte Wessel Ruben oft ein kleines Nickerchen auf dem Kutschbock. Er konnte sich auf sein Lottchen verlassen, das genau wusste, wo sein Stall zu finden war. Besonders stolz war Wessel Ruben auf den weiß gestrichenen Milchwagen mit der Aufschrift „Milch – Quelle der Gesundheit" und der blankgeputzten Glocke, die in der Sonne blitzte.

Als Wessel Ruben in Rente ging, verkaufte er – sicher schweren Herzens – sein Lottchen und den Milchwagen. Über den weiteren Lebensweg des treuen Pferdes ist nichts bekannt. Der Milchwagen wurde am 10. Januar 1977 nach Siegen verkauft, wo er liebevoll restauriert und nun zweispännig von „Hafer-Motoren" gezogen wurde. Beim 20. Internationalen Tag der Milch am 1. Juni 1977 zog der alte ostfriesische Milchwagen von Ruben durch Siegen unter dem Motto „Muntere Milch-Männer lockten". Auch 1979 war der Milchwagen dort, danach verliert sich seine Spur. Der Wagen soll ins Münsterland verkauft worden sein, so der letzte Eigentümer.

As de „Gleunige Düvel" noch dör uns Straten fuhr

Dat is al en heel Tied her, dat uns Stratenbahn van de olle Markt na de Butenhaven fuhr. Mennig een van de ollere Lüü harrn dat ok noch good in hör Erinnern. De lesde Fahrt was an'n 30. April 1953, un heel völ Lüü stunnen in de Straat Am Delft to wachten, wat daar komen sull. De twee Stratenbahnwagens satten vull van Minsken, de noch eenmaal mit up Tour wullen. Dat was man blot en lüttje Fahrt, man daar mit bi wassen ok all de Lüü, de vördeem al bi de Bahn in Arbeid wassen. Moi was de Stratenbahn antokieken, de mit Fahnen upklütert daar ankwamm. De Minsken bleven an de Stratenkant stahn un wenkten hör achterna. En Buddel Kööm wurr rundgeven, un nu kwamm dat stille „Lebewohl". Daarna satt man noch eevkes in dat olle Stratenbahn-Depot binanner, un elk doch so an sien Tied bi de Bahn torügg. Un denn gaff dat noch en Lüttje over de Duum.

An de Dag, as de Bahn nu neet mehr fuhr, dochen de Lüü, wat was dat vördem doch en moje Tied. Sünner de Bahn was nix mehr so as vördeem. Dat wull de gode Mann neet in de Kopp. He keek ut sien Fenster un wachde up dat, wat nu um de Hook komen sull. Wat was dat ok still. Elke Mörgen kwamm doch de Bahn um de sülvige Tied. He froog sien Ollske: „Du, segg maal, wat is denn mit de Stratenbahn los? De kummt je heel neet!" – „Och, du Döösbaddel, du büst mi viellicht so'n Keerl. Hest du dat güstern neet in uns Zeitung lesen? Van nu of an kummt so'n neemoodsche Tied. De willen dat nu mit en neje Onibus maken", seggt sien Ollske.

„Nee, Moder, dat will mi neet in de Kopp. Dat was alltied so moi. Wat seggen wall de olle Flink, Pietschmann un Peter Meyer daarto? De Mannlüü wassen all so lang bi de Stratenbahn. Nee, dat geiht neet good. De Minsken weten je heelneet, wat se verloren hebben. Van 't Cafe

„Funke" an d' olle Markt na'n Butenhaven hen, dat was en feine Tour. Un denn an de Diek un over de Dullert kieken, eenmaal moi! De Skippen kwammen of gungen na buten de Eems andaal. Un denn dat helle Lücht, de Wulken over't Water. Up de Mole mit de lüttje Toorn stunn ik un keek mit uns Kinner de Skippen na. Ok dat is nu neet mehr. Dat is so, so, as wenn man't all verloren hett."

„Vader, wat is denn mit di, soväl hest du in de lesde Dagen neet seggt. Is di neet good? Dat mit de „Gleunige Düvel" is nu vörbi un daar könen wi nix an maken."

„Nee, Moder, dat geiht mi recht an't Hart. Wat daar wall noch all so up uns tokummt. Nu mutt ik mi doch glattweg noch en Klock kopen, um dat ik weet, wo laat dat is. Du, Moder, segg even, wo laat is dat denn nu?"

„Wo sall ik dat denn weten? Is de Stratenbahn denn noch neet vörbi komen!"

De „Gleunige Düvel" up de olle Markt vör dat Café „Funke" um 1952. De Emder Stratenbahn fuhr van't 23. Februar 1902 – 30. April 1953.

Der Musiktempel von Kalli Meyer

Ein Jahrmarkt ohne Kalli Meyers Autorennbahn – ganz gleich an welchem Ort in Ostfriesland – war kein richtiger Markt. An Jahrmarkttagen wurde der Musiktempel „Meyers Autorennbahn" zur Kultstätte der Jugend in den 50er-Jahren, die „ihre" Musik hören konnte und zwar in voller Lautstärke.

Der Musiktempel spielte den neuesten Rock'n'Roll und viele der Stücke waren über das Radio nicht zu empfangen. Zwar sendete Radio Luxemburg über Kurzwelle mit kreischenden Nebentönen oder abends auf Mittelwelle Rock-Musik, aber die Musikpalette war begrenzt. Das Rock'n'Roll Fieber grassierte, wenn Meyers Sound mit viel Bass und guter Lautstärke den 60er-Jahre Song von Peter & zijn Rockets: „Kom van dat dak af" ertönen ließ. Noch heute denke ich an eine Platte zurück, die in Meyers Karussell oft gespielt wurde und zwar von den The Trashmen „Surfin'Bird" aus dem Jahre 1963. Gespielt wurde Chuck Berry „Roll over Beethoven", Cliff Richard & The Shadows „Dynamite" und auch das Urgestein durfte nicht fehlen: Bill Haley & his Comets mit „Rock around the Clock". Endlich Elvis Presley, Eddie Cochran, Fats Domino, Buddy Holly und von The Twisters den „Peppermint Twist Time." Der deutsche Sänger Ted Herold mit seinem Song „Küss mich" wurde von den Jugendlichen als Aufforderung verstanden, der sie gerne nachkamen.

Wenn sich die Wagen im Karussell drehten, zog es ganz fürchterlich im Tunnel. Im hinteren Teil der Bahn, war ein besonderes Gedränge, denn hier drückten sich die Jungen und Mädels herum, um – vielleicht das erste Mal – zu knutschen. Es konnte passieren, dass ein besorgter Vater nach 22:00 Uhr in der Bahn nach seiner Tochter suchte, meist erfolglos.

Das Personal des Fahrgeschäftes kassierte in halsbrecherischer Manier das Fahrgeld in Höhe von 30 Pfennig. Oft

Kalli Meyers „Hula-Hoop-Song".

gab es Probleme, weil die Besucher dichtgedrängt im Karussell standen und es für die Kassierer kaum möglich war, den Fahrpreis einzutreiben. Jeder bewunderte die Fahrgeschäftsleute. Als die Söhne Kalli jun. und Franz Meyer das Fahrgeschäft vom Vater übernahmen, wurde das Outfit geändert. Nun hieß die Bahn „Hula-Hoop-Song" und die Wagen erhielten eine Front von „Messerschmidt Chassis", die dem Fahrgeschäft ein schnittiges Aussehen gaben. Entsprechend des Zeitgeschmackes wurden Weißwand-Reifen eingebaut.

Von Meyers wurde auch die „Raupenbahn" betrieben, ein Karussell mit einem Verdeck, das während der Fahrt über alle Wagen geschlossen wurde, damit die Pärchen ungestört schmusen konnten. Na ja, nicht immer, denn oft wurde das Verdeck von den Schaustellern geöffnet, um den Umstehenden einen Einblick in die Wagen zu gewähren. Alle freuten sich diebisch, wenn jemand „erwischt" wurde. Zum Jahrmarkt und Schützenfest gehörte auch „Die Raketenfahrt zum Mond", auf der sich viele Jugendliche aufhielten, um neben den Lautsprechern zu stehen und die aktuellen Hits zu hören. Auf dem Laufsteg, der die rasende Bahn umlief, wurde gehottet, was das Zeug hielt. Einer erhielt deshalb von seinem Vater eine schallende Ohrfeige und Hausarrest. Der arme Kerl.

„Hott"-Szene im Tunnel bei Kalli Meyer im Jahre 1958.

„Aapke" Meyer

Sie galt als ein echtes Original der Nachkriegszeit in Emden und ist aus den 50er- und 60er-Jahren nicht wegzudenken. Mit der Drehorgel und dem kleinen Kapuzineräffchen, die beide früher ihrem Mann Carl Bernhard Wilhelm Meyer (*1910, †1949) gehörten, verdiente sie nach dessen Tod im März 1949 ihren Lebensunterhalt. Den Spitznamen „Aapke", in Wirklichkeit hieß sie mit Vornamen Anna Marta (*13. Mai 1908, †27. Juli 1994), erhielt sie wegen des Äffchens, das oben auf ihrem Leierkasten saß. Ein possierliches kleines Tierchen, das auf dem Instrument hin und her hüpfte und nebenbei die Münzen einsammelte. Die Kinder umringten die Leierkastenfrau, wenn sie die Drehorgel musizierend durch die Straßen schob. Sie spielte oft Lieder wie: „Waldeslust", „Rosamunde" oder „Mariechen saß weinend im Garten".

Auf den Emder Jahrmärkten, zu Anfang auf dem Platz am Brauersgraben oder dem Schützenplatz, war sie stets zu hören. „Aapke" Meyer, die in einer Notbaracke aus dem Zweiten Weltkrieg am Conrebbersweg 7 wohnte, spielte ihre Drehorgel auf Hochzeiten, Familienfeiern und kein Schützenumzug ging durch die Stadt, ohne dass sie mittendrin war oder nebenher mitlief. Auch über die benachbarten Dörfer ging sie mit ihrer Drehorgel, so war sie u. a. in Loquard wie auch in Oldersum beim Zeltfest zu hören.

Irgendwann, es ist nicht überliefert wann genau, ging sie in das Altersheim „Abendfrieden am Dollart" in Larrelt. 1985 kam sie nach Lathen ins „Marienheim", wo sie knapp 10 Jahre später verstarb. Im August 1994 wurde sie neben ihrem Mann auf dem Bolardusfriedhof bestattet. Einige Emder, die sie noch kannten, und eine Abordnung aus dem „Marienheim" in Lathen gaben ihr das letzte Geleit.

Martha Anna Meyer, genannt „Aapke" auf dem Neuen Markt, 1965 oder 1966. Am liebsten spielte sie während des Wochenmarktes zur Vormittagszeit, wenn viele Menschen an den offenen Verkaufsständen anzutreffen waren. Ihre Musik schallte über den Platz und die Kinder umringten „Aapke". Auf dem Bild sind von links nach rechts die Kinder: Peter Barghoorn, Rolf und Klaus Rehbock, zwei unbekannte Jungen (einer hinter dem Rücken und rechts von „Aapke") zu sehen. Wer sich so interessiert die Drehorgel ansieht, konnte leider nicht ermittelt werden.
Im Hintergrund ist der Discount Markt „Für Sie" (ehemals das Kino Schauburg) zu erkennen und davor fährt gerade der Lastwagen des Marktbeschickers Joachim Münch, genannt der „billige Jupp", der sein Obst an den Markttagen lautstark von der Ladefläche aus den Käufern anbot.

„Dat Engelke op de Mürke" im Stadtgarten

Das Wappen der Stadt Emden ist das „Engelke up de Muer", das Engelchen auf der Mauer. Als im Frühjahr 1954 über den Wiederaufbau des Emder Rathauses diskutiert wurde, entstand die Idee, zur Finanzierung des Bauvorhabens ein großes Wappen anfertigen zu lassen. Die Wappenfläche sollte mit Stiftnägeln versehen werden, die die Bürger kaufen und selbst einschlagen konnten. Die Idee war nicht ganz neu. Was selbst bei geringen Benagelungsspenden heraus kommen konnte, zeigt ein Rückblick auf den Ersten Weltkrieg, genauer das Jahr 1915. Am 8. September 1915 wurde in Gegenwart einer großen Menschenmenge vor dem alten Emder Rathaus der „Isdern Kerl van Emden" zur Benagelung aufgestellt. Am ersten Tag wurden allein für 4 335,50 D-Mark Nägel gekauft und eingeschlagen. Die Spendenfreudigkeit unter dem Motto: „Gold gab ich für Eisen!" war damals groß. Es gab eiserne, kupferne und goldene Nägel, die den „Isdern Kerl" schmücken sollten. Geschaffen hatte das Relief der Bildhauer Fritz Liebsch (*12. November

1879, † 15. Februar 1957), der in seiner langen Schaffenszeit noch viele bildhauerische Werke erstellen sollte. Dazu gehörte dann eben auch das große Relief, das für den Wiederaufbau des Rathauses gespendet wurde.

Am 4. September 1954, einem Sonnabend, konnten die Emder das großartige Werk von Fritz Liebsch, „Dat

Das „Engelke op de Mürke" auf dem Stadtgarten hinter dem Café „Funke". Die Nägel gab es beim Modehaus Kracht oder im Café Funke zu kaufen.

Engelke op de Mürke", wie die Rhein-Ems-Zeitung am gleichen Tag berichtete, auf dem neugepflasterten Rathausplatz vor der Rathausruine erstmals in Augenschein nehmen. Die offizielle Einweihung erfolgte am 5. September, einen Tag vor dem 10. Jahrestag der Zerstörung des Emder Rathauses, durch Oberbürgermeister Egon Rosenberg und Senatorin Friederike Janssen. Der OB selbst schlug den ersten goldenen Nagel ein und sagte, es sei sein fester Wille, den Wiederaufbau des Rathauses im kommenden Jahr in Angriff zu nehmen.

Auf dem Rathausplatz verfolgte eine große Menschenmenge die Feierstunde und anschließend ließen es sich viele nicht nehmen, ebenfalls zum Hammer zu greifen. Die Nägel in den Farben blau, rot und Gold kosteten zwischen 0,50 bis 3,00 D-Mark. In den nächsten Wochen gingen viele Emder, die mit ihren Kindern an der Hand einen Spaziergang durch die Stadt machten, in den Stadtgarten, um ein oder zwei Nägel in das Holzwappen zu schlagen. Besonders die Kinder hatten ihren Spaß daran.

Ein großer Erfolg wurde die Nagelung allerdings nicht. Bis Mitte Februar 1956 kamen, einschließlich weiterer Spenden, nicht einmal 20 000 D-Mark zusammen, benötigt aber wurden mindestens 300 000 D-Mark. Trotz der geringen Spendenbereitschaft der Bevölkerung wurde weiter an der Herrichtung der Baustelle gearbeitet. Im März 1956 wurde mit dem Abbruch der Rathausruine begonnen. Ende 1958 wurden die restlichen Abbrucharbeiten erledigt und eine neue Tiefgründung eingebracht. Den Entwurf für das neue Rathaus fertigte der Bremer Architekt Bernhard Wessel, der einen Ratskeller einplante, der jedoch nie eingerichtet wurde. Die Hochbauarbeiten führte die Emder Baufirma Tamme Heuermann durch und das Richtfest wurde am 18. Dezember 1959 gefeiert. Die feierliche Einweihung fand am 6. September 1962 statt, 18 Jahre, nachdem die Stadt in Schutt und Asche gefallen war.

Mit „Jan Klein" durch die Krummhörn

Für die ländliche Bevölkerung gehörte eine meterspurige Kleinbahn, die sie u. a. benutzte, um nach Emden zur Arbeit zu fahren, lange Zeit zum Alltag. „Jan Klein" – so war der volkstümliche Name der Kleinbahn, die von Emden über Pewsum nach Greetsiel verlief. Mit der Betriebseröffnung am 27. Juli 1899 verlief die Strecke bis Pewsum und ab 21. September 1906 weiter nach Greetsiel. Am 25. Mai 1963 kam das Ende der Bahn, obwohl noch immer fast eine halbe Million Fahrgäste jährlich transportiert wurden. Der Wagenpark war überaltert und für eine Erneuerung fehlte damals das Geld.

Besonders während des Zweiten Weltkrieges und in der Nachkriegszeit benutzen viele Emder „Jan Klein" um zum Hamstern in die Krummhörn zu fahren. Auf den Bauernhöfen gab es Butter, Speck, Eier und Kartoffeln, die gegen Hausrat, Kleidung oder Wertgegenstände eingetauscht wurden. Viele Bauern ließen sich die Nahrungsmittel teuer bezahlen und die bösen Worte vom „Perserteppich im Kuhstall" machten die Runde.

Der „Krummhörn Express" brachte Werftarbeiter, Handwerker und die Greetsieler „Granatfrauen" mit ihren stark riechenden Fischkörben in die Stadt. Wochentags füllten zusätzlich die Kinder auf dem Wege zu den Schulen in Pewsum oder Emden den Zug. Niemand störte sich an den Schulkindern, die zwischen den übrigen Fahrgästen herumtobten. In der Bahn trafen sich die Leute, tauschten aus „well up de Welt kwamm, of Kind oder Wicht, well dod gaan was un well sück traut hett ...", Kartenspielen war angesagt und manch einer döste vor sich hin und setzte seine „Nachtruhe" fort.

Die Strecke führte von Emden über die Bahnhöfe Hinte, Groß Midlum, Freepsum, Pewsum, Groothusen, Manslagt, Pilsum nach Greetsiel. In Groothusen hielt die Bahn teilweise auf der Straße, weil der Bahnhof zu klein war. Kein Problem, denn das Verkehrsaufkommen war gering.

Am 25. Mai 1963 um 23:35 Uhr traf der letzte Zug in Greetsiel ein. Landrat Georg Peters hielt die „Grabrede". Entlang der Strecke nahmen zahlreiche Einwohner der Krummhörn von ihrer geliebten Bahn Abschied, so ein zeitgenössischer Bericht einer Emder Tageszeitung. „Jan Klein" genügte den Ansprüchen der modernen Zeit nicht mehr, in der das Auto das bequemere Verkehrsmittel darstellte. Die Triebwagen wurden verkauft. Als sich keine Abnehmer für die Personenwagen fanden, wurden sie auf dem Emder Kopfbahnhof in Brand gesteckt. Danach kam der Bagger.

Heute erinnern nur noch wenige Bahngebäude an „Jan Klein". Die alte Trasse ist inzwischen ein beliebter Radwanderweg von Emden nach Greetsiel.

Mit dem ersten Zug, morgens um 6:40 Uhr, trafen die Werftarbeiter und Handwerker in Emden ein, um von hier aus zu Fuß oder mit ihrem bereitstehenden Fahrrad zur Arbeitsstelle zu gehen und zu fahren. Die abgebildete Dampflok 6 „Emden" wurde im Oktober 1956 außer Dienst gestellt.

Der „Porree-König" von Emden

Heinrich Schlichtenhorst, geb. 20. Juni 1906 – verst. 10. August 1986.

Im Alter von 80 Jahren verstarb Heinrich Schlichtenhorst 1986 und mit seinem Tod ging ein Stück Emder Geschichte zu Ende. In der Todesanzeige stand: „Wenn die Kraft zu Ende geht, ist die Erlösung Gnade." Und so war es wohl auch. Im letzten Jahr seines Lebens zwang ein Herzinfarkt ihn zur häuslichen Ruhe. Er saß auf seiner Bank und Ehefrau Katharina besorgte Garten und den Verkauf des Gemüses. Diese erzwungene Ruhe war für Heinrich Schlichtenhorst, der er es Zeit seines Lebens gewohnt war, an der frischen Luft zu arbeiten, sicher schwer zu ertragen.

Heinrich Schlichtenhorst war sehr stolz auf seinen Beruf als Gemüsebauer, der seine Berufung war, und auf die Ernteerfolge, die sein Boden hervorbrachte. Schon sein Vater, der mit Vornamen ebenfalls Heinrich hieß, hatte Gemüse angebaut. Und selbst dessen Vater und Großvater waren Emder Gemüsebauern.

Heinrich Schlichtenhorst besaß einen grünen Daumen, wie die Leute sagten. Mit der Hand setzte er jeden Setzling in die Erde ein und von tausend Pflänzchen gingen tausend an. Die einfache Handarbeit war sein Schlüssel zum Erfolg, auch bei der Aussaat des Samen. Neben der Gartenarbeit hatte Heinrich Schlichtenhorst genug mit dem Gemüseverkauf zu tun, denn die Kunden gaben sich die Türklinke in die Hand. Eine Goldmine, wie Heinrich Schlichtenhorst einmal sagte. Er betrieb ökologischen Landbau, als noch niemand dieses Wort aussprach oder daran dachte, dass damit der Lebensunterhalt für eine Familie erwirtschaftet werden konnte.

Auf seinem Grundstück am Boltentorsgang baute er jede Art von Gemüse an, bevorzugt Salat und Porree, was ihm im Volksmund den Namen „Porree-König" von Emden einbrachte, weil er einmal gesagt hatte: „Ich habe bestimmt schon eine Millionen Porree großgezogen." Fast jedes Gemüse, das in unserer Region wächst, baute er an: Grünkohl, genannt die „ostfriesische Palme", Emder Kleikartoffeln, Radieschen, Tomaten, Gurken und jede Sorte Salat. 65 Jahre lang hat er von Hand den Garten umgegraben und die Beete vom Unkraut befreit. Maschinen waren ihm ein Gräuel.

Als Heinrich Schlichtenhorst noch vor einigen Jahren seine Polderfläche am Seedeich mit Gemüse bepflanzte, war er mit Pferd und Wagen in der Stadt unterwegs. Das Pferd half ihm bei der Feldbestellung. Doch auch diese Zeit ging zu Ende, die Polderflächen wurden verpachtet und ein Freund verkaufte das letzte Pferd in gute Hände. Heinrich Schlichtenhorst wollte gar nicht wissen, wo es hingekommen war.

Heute gibt es niemanden mehr, der mit gebeugtem Rücken den Acker bebaut, die Setzlinge mit der Hand in den Boden drückt und danach das Unkraut jätet. Sein Pferd, dessen Kopf hinter dem Stallfenster zu sehen war, sah ihm bei der schweren Arbeit zu, so wie die Leute, die an seinem Grundstück vorbeigingen. Heinrich Schlichtenhorst war und blieb Zeit seines Lebens ein Einzelgänger,

Heinrich Schlichtenhorst unterwegs in den Larrelter Polder.

auch wenn er mit Bekannten einen kurzen Plausch über den Zaun hielt.

Als Heinrich Schlichtenhorst 1986 verstarb, bestellte seine Frau Katharina den Garten weiter, um den sie sich bereits seit einem Jahr gekümmert hatte. Sie arbeitete noch bis Ende 2002 in ihrem Bauerngarten, in dem sie weiterhin Bohnen, Zucchini, Salat und Grünkohl für Stammkunden und für sich anbaute – selbstverständlich verwendete sie keinerlei Kunstdünger. Wer etwas kaufen wollte, musste eine kleine Handglocke läuten. Eine Klingel gab es nicht. Die Gemüsebäuerin Katharina Schlichtenhorst verstarb nach einem ebenfalls arbeitsreichen Leben am 27. Dezember 2009.

Das fast 200 Jahre alte Haus befindet sich am alten Boltentorsbreiter Gang westlicher Teil und ragt wie eine Nase in die Verkehrsfläche. Ein Stück alte Emder Stadtgeschichte, das den Zweiten Weltkrieg überlebte und selbst die Planer haben beim Straßenumbau auf das Haus Rücksicht genommen.